Ronja Schultz

Die
MINDHACK
Methode

Das
ErinnerDich
ist der Begleiter für den Alltag. Es soll Mut machen und motivieren, das wirklich Wichtige immer im Blick zu behalten.

Inhalt

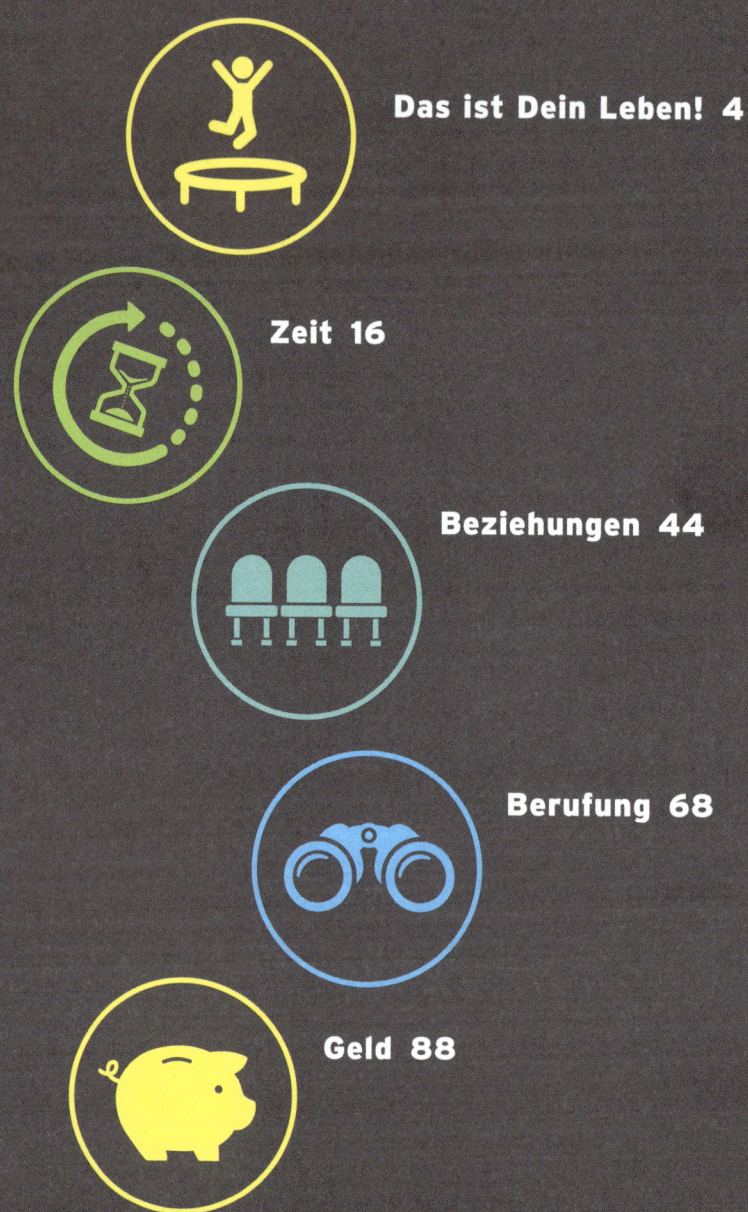

DAS IST
DEIN LEBEN!

Weißt du eigentlich, welch unfassbares Glück du hast?
Es gibt unzählig viele Planeten und Sonnensysteme in unserem Universum. Und dennoch haben wir bisher keinen einzigen Planeten gefunden, auf dem ähnliche Lebensbedingungen herrschen wie auf unserer Erde.

Damit auf der Erde Leben entstehen konnte, waren sehr viele Bedingungen nötig: ein optimaler Abstand von der Sonne, um ihre Lebensenergie zu nutzen, aber dabei nicht zu verbrennen. Wasser, mit dessen Hilfe Pflanzen wachsen können, die wiederum Sauerstoff produzieren, den wir atmen können. Eine Atmosphäre, die funktioniert. Was für ein unglaublich faszinierendes Räderwerk, das uns das Leben auf dieser Erde ermöglicht!
Angesichts dessen glaube ich, dass wir uns viel zu oft in relativ banalen Problemen verlieren. Unwichtigkeiten, die uns unglücklich machen. Meckern auf extrem hohem Niveau.

Natürlich lohnt es sich, gegen Probleme zu kämpfen und für positive Veränderungen aufzustehen. Das ist sogar unglaublich wichtig! Aber vielleicht verlieren wir uns dabei zu oft in Kleinigkeiten, die uns nur schlechte Laune machen, aber nicht wirklich weiterbringen. Dabei ist unsere Zeit in diesem kurzen Leben so wertvoll!

Vom
GLÜCK...

Wir sind Menschen. Es gibt auf dieser Erde eine riesige Anzahl anderer Lebensformen. Allein die unendliche Fülle an Viren und Bakterien. Insekten, Pilze, Pflanzen, Tiere – und du bist ausgerechnet ein Mensch! Das Lebewesen, das sein Leben selbstständig gestalten kann. Das nicht rein instinktiv handelt, sondern denkt. Dem alle Möglichkeiten offenstehen. Das alle möglichen Dinge erfindet, um sich das Leben schöner zu machen. Das Wesen, das das Leben zu verstehen versucht.

Auch wenn du nicht ganz gesund und perfekt bist – du hast sehr viele mögliche Krankheiten, Behinderungen und andere gesundheitliche Probleme NICHT. Denke einmal über diese Sichtweise nach, statt immer wieder unglücklich über das zu sein, was dir als Mangel erscheint. Egal was du hast, es könnte schlimmer sein.

Wenn du dieses Buch liest, verstehst du Deutsch. Das legt nahe, dass du in Deutschland lebst oder aus einem anderen deutschsprachigen Land kommst. Ich bin wirklich keine Patriotin. Aber ich bin unglaublich dankbar dafür, zufällig das Glück zu haben, in einem Land zu leben, in dem mir sehr viele Möglichkeiten offenstehen.

Ich kann mir selbst eine Meinung bilden. Ich habe sehr viele Rechte und lebe in einer offenen Gesellschaft. Ich muss mich nicht verschleiern, ich muss keinen Hunger leiden, ich habe eine gemütliche Wohnung und Zugang zum Internet.

Ich kann in fast jedes Land der Welt reisen. Ich habe eine Krankenversicherung, die verhindert, dass ich mir eine Behandlung einfach nicht leisten kann. Und wenn ich keine Arbeit habe, dann werde ich aufgefangen und lande nicht gleich auf der Straße.

... *heute auf dieser*
WELT zu leben

Du lebst heute. Du hast vermutlich nie einen Krieg direkt miterlebt. Du lebst nicht im Mittelalter oder in der Steinzeit. Du hast heute so viel mehr Möglichkeiten, dein Leben zu leben. Die Akzeptanz aller möglichen Lebensmodelle war nie so groß. Die Freiheit war nie so groß.

Du hast ein Smartphone, einen Kühlschrank, eine Waschmaschine, vielleicht ein Auto. Du hast unbegrenzten Zugang zum Internet, einem Ort, an dem sich erstmals alle Menschen kollektiv austauschen und ihr Wissen teilen können. Es gibt kaum eine Frage, auf die du nicht mit ein paar Klicks Antworten findest.

Du kannst dich mit anderen Menschen zusammentun, die die gleichen Interessen oder Probleme haben wie du. Du bist weniger auf dich allein gestellt als es jemals zuvor möglich war.

Das sind, wenn man einmal darüber nachdenkt, unfassbar viele, unfassbar große Zufälle.

Dein Leben ist ein riesiges Glück!

Das Leben ist
verdammt KURZ!

Hast du jemals gedacht: „Wow, das ist schon ein Jahr her?" oder: „Früher haben wir das ganz anders gemacht"? Das sind die Momente, in denen uns bewusst wird, wie schnell die Zeit verrinnt. Je älter wir werden, desto schneller scheint sie zu vergehen. Und trotzdem verbringen wir so viele Stunden und Tage mit Dingen, die wir eigentlich nicht wirklich mögen.

Stellen wir eine kleine Rechnung auf. Sagen wir, du lebst 80 Jahre – rein hypothetisch natürlich. Das ist deine Zeit, mit der du effektiv etwas anfangen kannst.

80 Jahre sind rund 29.200 Tage oder 700.800 Stunden.

Und jetzt ziehe die Jahre, die du bereits gelebt hast, von dieser Rechnung ab. Wie viel Zeit bleibt dir noch, um dein Leben tatsächlich zu leben?

Ein Tag hat 24 Stunden, von denen du (hoffentlich) acht Stunden schläfst. Bleiben noch 16 Stunden übrig. In diesen 16 Stunden gehst du vermutlich acht Stunden arbeiten. Dann bleiben noch acht Stunden übrig. Eine Stunde brauchst du mindestens, um dich für die Arbeit vorzubereiten und den Hinweg, eine weitere für den Rückweg. Also bleiben dir noch maximal sechs Stunden pro Tag, die du für dich selbst nutzen kannst. Darin sind natürlich auch noch private Pflichten wie kochen, essen, einkaufen oder saubermachen enthalten. Vielleicht hast du auch eine Familie oder Tiere, um die du dich kümmern musst?

Wie viel Zeit bleibt dir tatsächlich für dich selbst und das, was dir wirklich Freude macht?

Nutze
deine LEBENSZEIT
überlegt

„Du weißt aber schon, dass Lebenszeit begrenzt ist, oder?" –
Das ist eins meiner Lieblingszitate aus der Serie King of
Queens. Und es ist so wahr! Leider rückt diese Tatsache
immer wieder gerne aus unserem Bewusstsein.

> *Wenn du auf die Welt kommst, ist dein einziger Besitz: Zeit.
> Zeit, die du später gegen Geld tauschen kannst, um dir
> Dinge zu kaufen, die du haben möchtest. Wir verfallen
> schnell in den Irrglauben, dass Geld die Währung ist, die
> wir verbrauchen, wenn wir etwas kaufen. Das stimmt so
> nicht. Du hast deine Zeit gegen das Geld getauscht, also
> bezahlst du eigentlich mit deiner Lebenszeit.*

> *Die Zeit, die wir haben, ist das einzig wirklich Wertvolle,
> das wir besitzen.*

> *Nutze deine Lebenszeit weise: Sorge dafür, dass du so
> häufig wie möglich glücklich und zufrieden bist. Es gibt
> unendlich viele Wege, um das zu erreichen. Der vermutlich
> schlechteste Weg: Du verbringst deine Zeit mit etwas, das
> du verabscheust, um später etwas tun zu können – oder
> noch schlimmer: etwas zu besitzen –, das du liebst.*

Du hast
nur dieses
EINE Leben

Was ich dir in diesem Buch zeigen will, ist eigentlich ganz
einfach: Nichts ist so wertvoll wie deine Zeit! Kein Grund
der Welt sollte dich davon abhalten, dein Leben so zu
gestalten, wie du es willst.

> *Du hast nur dieses eine Leben und du weißt
> nicht einmal, wann es endet. Jede Sekunde zählt
> und kommt nie zurück. Jede einzelne ist es wert,
> sie zu genießen.*

> *Natürlich kann niemand permanent 24 Stunden
> am Tag glücklich sein. Dein Ziel sollte dennoch
> sein, in möglichst vielen Bereichen deines Lebens
> glücklich zu sein. Dein Ziel sollte sein, so viel Zeit
> wie möglich mit den Dingen zu verbringen, die
> dir Spaß und Freude machen.*

Der wichtigste Mensch in deinem Leben
bist du SELBST

Wer ist der wichtigste Mensch in deinem Leben? Ich beantworte die Frage gerne für dich: Du selbst! Moment, was ist mit meinem Kind? Mit meinem Partner? Meinen Eltern oder besten Freunden? Mit den Menschen, die ich liebe? Das wird dir vielleicht jetzt durch den Kopf schießen. Ich sage dir: Es muss zuerst dir selbst gutgehen, damit du dafür sorgen kannst, dass es auch anderen gutgeht.

Du wirst niemals voll für andere da sein können, wenn du dich nicht wirklich gut fühlst. Nur wenn du fest im Leben stehst, weißt, was du willst und das auch erreichst, kannst du dieses positive Gefühl an andere Menschen in deinem Umfeld weitergeben.

Stelle dir vor, ein wichtiger Mensch in deinem Leben braucht deine Unterstützung in einer schwierigen Situation. Wie willst du ihm beistehen, ihn motivieren oder auffangen, wenn du selbst keinen festen Stand hast? Wenn du traurig bist, wie willst du seinen Erfolg feiern? Klar kannst du versuchen, dich zusammenzureißen, aber seien wir ehrlich: Du kannst so viel besser und authentischer für ihn da sein, wenn du glücklich bist. Nur was du ehrlich fühlen kannst, kannst du auch in vollem Ausmaß weitergeben.

Die beiden
WÖLFE

Ich erzähle dir an dieser Stelle eine kurze Geschichte. Sie legt so wunderbar einfach dar, wie sehr dein Schicksal in deiner eigenen Hand liegt.

Ein alter Indianer erzählt seinem Enkel, dem jungen Jäger, von den beiden Wölfen:

„Mein Junge, in jedem von uns tobt ein Kampf zwischen zwei Wölfen. Der eine Wolf ist gut. Er bringt Glück, Zufriedenheit, Lachen, Stolz, Mut und Liebe. Der andere Wolf ist böse. Er will Trauer, Wut, Neid, Lügen, Streit und Hass bringen."

Voll Spannung fragt ihn der junge Jäger: „Und? Welcher Wolf gewinnt?"

Die Antwort des Alten ist kurz: „Immer der, den du fütterst."

(Quelle unbekannt)

Füttere
den richtigen Wolf

Welchen Wolf willst du füttern? Siehst du alles negativ oder kannst du auch an vermeintlich blöden Situationen gute Seiten entdecken?

Ein grundlegender Trick, um den guten Wolf häufiger führen zu lassen: Achte darauf, was du konsumierst. Für deine Psyche ist es nämlich von erheblicher Bedeutung, ob du ein Buch liest, das dich motiviert, zum Lachen bringt und interessante Informationen liefert – oder aber, ob du Gesprächen von schlecht gelaunten Menschen in der Bahn lauschst oder negative Kommentare im Internet liest.

Versuche, die Quellen von negativem Input nach und nach aus deinem Leben zu streichen. Reduziere deinen Nachrichtenkonsum sowohl im Fernsehen als auch in der Zeitung und im Internet, setze in der Bahn Kopfhörer auf und höre gute Musik oder Hörbücher. Lies nicht jeden Mist im Internet. Wenn etwas Wichtiges passiert, wirst du es mitbekommen.

Sorge so häufig wie möglich für positiven Input! Unterhalte dich mit positiven Menschen und konsumiere die Dinge, die dich motivieren, die dir Spaß machen und dich zum Lachen bringen.

Hole dich aus negativen Situationen heraus, indem du an Situationen denkst, in denen du stark warst oder an etwas, das dich zum Lachen gebracht hat. Merkst du, wie du bei dem Gedanken lächeln musst? Dann ist er richtig!

Diese Hacks will ich mir unbedingt merken!

- Lese interessante, lustige, motivierende Bücher
- Denke in negativen Situationen an Positive

Julian

- nichts sollte selbstverständlich sein
- Zeit mit Dingen verbringen, die Freude bereiten
- Zeit ist das wertvollste Gut
- negative Meinungen/Menschen vermeiden und positiv denken

Mindhacks

ZEIT

„Ich habe keine Zeit!" – das ist wohl die häufigste Ausrede, die uns über die Lippen kommt. Was wir allerdings
selten bedenken: Jedem Menschen stehen die gleichen
24 Stunden am Tag zur Verfügung. 24 Stunden, die du
selbstständig für dich in Anspruch nehmen kannst, denn
alles, was du tust, ist deine eigene Entscheidung. Wenn
du also keine Zeit hast, dann nur, weil du entschieden
hast, etwas anderes zu tun.

Ein weiterer Fehler unterläuft uns dabei ständig: Beschäf-
tigt sein bedeutet nicht zwangsläufig, produktiv zu sein.
Nur weil du etwas tust, heißt das noch lange nicht, dass
du damit etwas bewirkst. Es gibt unendlich viele Dinge,
die uns zwar notwendig erscheinen, aber tatsächlich
kaum einen wirklichen Nutzen haben.

Was dich wirklich weiterbringt, ist, das zu tun, was du
willst. Statt hundert unbefriedigende Aufgaben, die deine
Zeit fressen, lieber das eine, wirklich Wichtige zu tun.
Wie genau das gehen soll – das erfährst du jetzt!

Eliminieren und
DELEGIEREN

Viele Dinge tun wir einfach, ohne sie in Frage zu stellen. Du wirst dich wundern, wie viele dieser täglichen Zeitfresser gar nicht unbedingt nötig sind. Deine eigene To-do-Liste zusammenzustreichen, ist der effektivste Weg, um mehr Zeit für dich zu gewinnen. Überlege dir bei allen Dingen, die anfallen, ob sie wirklich nötig sind und ob es nicht auch eine bessere Variante gibt.

Eliminiere das Kochen an zwei von drei Tagen, indem du größere Portionen kochst und sie einfrierst.

Deine Zeit hat einen Wert. Stelle dir folgende Fragen: Wie viel ist dir eine Stunde deiner Arbeitszeit wert? Was verdienst du in deinem Beruf? Und wie hoch schätzt du deine ganz private Freizeit ein?

Wie viel würdest du verlangen, wenn dich jemand anstellen würde, um seinen Haushalt zu führen? Vielleicht lohnt es sich ja für dich, jemanden zu bezahlen, der dir die lästigsten Tätigkeiten abnimmt? Jemand, der das vielleicht sogar besser kann als du und somit weniger Zeit braucht, also auch weniger kostet als du?

Delegiere alle Tätigkeiten, die unbedingt nötig sind, aber nicht unbedingt von dir selbst erledigt werden müssen, an Experten für diese Tätigkeit.

Gehe deinen Alltag einmal im Kopf durch und notiere alle Tätigkeiten, die anfallen. Überprüfe sie dann darauf, ob sie A) unbedingt sein müssen und B) von jemand anderem besser oder günstiger erledigt werden können.

BESEITIGE
Zeitfresser

In unserem Alltag verbringen wir überraschend viel Zeit mit absolut unnötigen Dingen, die weder Spaß machen noch sinnvoll sind. Sie nehmen einfach nur unsere Zeit in Anspruch, ohne einen wirklichen Nutzen zu haben.

Wenn du merkst, dass ein Gespräch zu nichts führt, scheue dich nicht zu sagen, dass du jetzt leider etwas anderes tun musst und wünsche noch einen schönen Tag.

Wenn du immer wieder die gleichen Arbeiten am PC ausführst, erstelle dir eine Vorlage, damit du nicht jedes Mal neu ansetzen musst.

Benachrichtigungen auf deinem Smartphone kannst du blocken, wenn du gerade etwas anderes zu tun hast. Noch besser: in den Flugmodus schalten.

Checke und beantworte E-Mails und Social Media maximal zweimal am Tag, weil du dich sonst immer wieder von deinen eigentlichen Tätigkeiten ablenken lässt.

Höre auf, Stunden damit zu füllen, deine Timeline anzusehen – es sei denn, sie bietet dir wirklichen Mehrwert.

Schreibe gerne Kommentare unter die Beiträge im Netz, die dich interessieren, vermeide aber typische Diskussionsthemen, die in stundenlange Auseinandersetzungen ausarten.

Willst du wirklich viel Lebenszeit gewinnen, eliminiere Social Media und das Fernsehen komplett aus deinem Tagesablauf! Diese beiden sind die vermutlich größten Zeitfresser mit dem kleinsten Nutzen für dein Leben.

Strukturiere
deine Aufgaben

Für die Erledigung von Aufgaben, die in unregelmäßigen Abständen anfallen, gibt es zwei sehr interessante Regeln aus dem Bereich des Zeitmanagements.

Die erste ist die 80/20-Regel, auch Pareto-Prinzip genannt. Sie besagt, dass für etwa 80 % des Erfolgs einer Tätigkeit nur 20 % des Aufwands verantwortlich sind und dementsprechend die anderen 80 % des Aufwands nur 20 % des gewünschten Erfolgs beitragen. Es kann also Unmengen von Zeit sparen, wenn du auf Perfektionismus verzichtest und einige Aufgaben zu 80 % erfüllst, in nur 20 % der Zeit, die du ansonsten gebraucht hättest.

Natürlich lässt sich das nicht immer eins zu eins anzuwenden, aber es gibt viele Dinge, für die es reicht, wenn du sie gut und nicht perfekt erledigst.

20 % der Zeit, die du mit dem Putzen verbringst, sorgen für 80 % der Sauberkeit. Es reicht, wenn du hin und wieder einen Großputz machst und ansonsten nur die Bereiche putzt, die tatsächlich viel benutzt werden.

In 20 % der Geschäfte, die du besuchst, kannst du 80 % deiner Einkaufsliste abdecken. Es lohnt sich also, getrennte Einkaufslisten für verschiedene Läden zu führen und diese Erledigungen zu bündeln, statt immer wieder in mehrere Läden zu gehen.

Nur 20 % eines Ratgebers geben dir 80 % der Informationen, die dich wirklich weiterbringen. Du musst also nicht jedes Buch komplett durchkämmen – was dich nicht betrifft, überspringe einfach! Das gilt auch für dieses Buch.

ENGE
Zeitrahmen *setzen*

Die zweite Regel ist das Parkinsonsche Gesetz. Es besagt, dass sich eine Aufgabe immer so lange ausdehnt, wie du dir Zeit für ihre Erledigung genommen hast. Und hier wird es interessant: Das bedeutet, dass du die gleiche Aufgabe entweder in einer Stunde erledigen kannst oder drei Stunden brauchst, nur weil du selbst diesen Zeitrahmen festgelegt hast.

Ein Beispiel: Du musst deine Wohnung aufräumen, weil Besuch ansteht. Da du noch drei Stunden Zeit hast, räumst du mal hier, mal dort ein bisschen auf. Vielleicht fängst du sogar an, deine Dekoration noch etwas umzustellen. Nach drei Stunden bist du fertig.

Aber was, wenn dein Besuch plötzlich anruft und dir mitteilt, dass er schon in 30 Minuten da sein wird? Du legst los und hast tatsächlich innerhalb von 30 Minuten so viel Ordnung geschaffen, dass sich alle wohlfühlen.

Nutze das Parkinsonsche Gesetz, indem du dir einen engen Zeitrahmen für sehr lästige Aufgaben setzt. Du wirst dich wundern, wie effektiv diese Methode ist!

Dieses Gesetz zwingt dich quasi dazu, die 80/20-Regel anzuwenden. Perfektionismus muss nicht immer sein und du hast mehr Zeit für die schönen Dinge gewonnen!

Vereinfache deinen
TAGESABLAUF ...

Du hast bestimmt schon oft von Morgen- und Abendroutinen gelesen und mit Sicherheit hast du selbst bereits einige Routinen entwickelt, von denen manche bewusst und manche unbewusst ablaufen.

Routinen sind eine Abfolge bestimmter Tätigkeiten, die du regelmäßig in der gleichen Reihenfolge erledigst. Der große Vorteil ist, dass sie dir nach einiger Zeit völlig automatisch von der Hand gehen. Das spart viel Zeit, weil du

- *keinen neuen Anlauf für jede einzelne dieser Aufgaben brauchst*

- *nicht erst überlegen musst, was du jetzt wie tun sollst*

- *mit jeder Aufgabe in einer Routine die nächste Aufgabe auslöst, da du sie immer nach dem gleichen Muster wiederholst.*

So reduzierst du die Gefahr, dass dein Tagesablauf durcheinandergerät und in Stress ausartet. Außerdem ist es ein sehr beruhigendes Gefühl, wenn du weißt, dass für den nächsten Tag bereits alles vorbereitet ist.

... *und baue*
ROUTINEN auf

Du kannst so viele Routinen in deinen Tag einbauen, wie du möchtest. Lasse uns zunächst mit einer Morgen- und einer Abendroutine starten, die aufeinander aufbauen.

Es ist wichtig, einen bestimmten Auslöser für deine Routinen festzuhalten, damit sie nach einiger Zeit wirklich automatisch ablaufen können. So programmierst du dich selbst dazu, diese Dinge einfach, schnell und auf Autopilot zu erledigen. Das ist besonders hilfreich, wenn du bestimmte Dinge gerne aufschiebst.

Der Auslöser für deine Morgenroutine sollte das Aufstehen sein. Für deine Abendroutine kannst du dir zur Erinnerung einen Wecker stellen, vielleicht eine Stunde, bevor du ins Bett gehst.

Deine Abendroutine sollte deine Morgenroutine bereits vorbereiten, damit du wirklich komplett stressfrei in den Tag starten kannst. Versuche, so viel wie möglich bereits am Abend vorzubereiten, dann musst du dir nicht erst überlegen, was du überhaupt essen willst, was du anziehen sollst und so weiter. Das spart die begrenzte Energie, die wir pro Tag für Entscheidungen zur Verfügung haben.

Abends
routiniert
VORBEREITEN

So könnte deine Abendroutine aussehen:

Zu Abend essen.

Kleidung für den nächsten Tag bereitlegen.

Frühstück vorbereiten und den Tisch decken.

Brieftasche und Schlüssel an einem zentralen Ort bereitlegen.

Die Plätze in deiner Wohnung aufräumen, die am Tag häufig benutzt werden, zum Beispiel den Wohnzimmertisch und die Spüle in der Küche – das sollte nicht länger als fünf Minuten dauern.

Eine kurze To-do-Liste für den nächsten Tag machen.

Zähneputzen und anschließend das Waschbecken säubern.

Das Schlafzimmer lüften.

Wichtig: Plane Zeit zum Runterkommen ein! Nimm dir mindestens eine Stunde vor dem Schlafengehen Zeit zum Lesen – oder was auch immer du von nun an abends tun willst. Deine Abendroutine solltest du davor abgeschlossen haben, sodass du entspannt ins Bett gehen kannst.

MORGENS
entspannt
in den Tag starten

Deine Morgenroutine kannst du, dank der Vorbereitungen, die du am Abend getroffen hast, ganz einfach abspulen: Deine Kleidung liegt schon im Bad, das Frühstück ist vorbereitet und dein Schlüssel liegt griffbereit. Natürlich musst du auch hier selbst entscheiden, was für dich morgens wichtig ist. Die fünf besten Hacks für gelungene Routinen:

Mache es dir so einfach wie möglich, indem du ALLES vorbereitest, was geht!

Starte mit etwas, das so einfach oder unumgänglich ist, dass du es auf jeden Fall machen wirst und baue darauf auf.

Verknüpfe und kombiniere sinnvoll. Was ist naheliegend? Was kannst du gleichzeitig tun?

Sorge für „fließende Übergänge", indem du die Punkte systematisch verknüpfst und erstelle eine Checkliste, um am Anfang nicht den Faden zu verlieren.

Baue Dinge ein, die du wirklich gerne machst und belohne dich, wenn du deine Routine beendet hast.

Nutze
WARTE-
ZEITEN aus

Wenn du mit Zug oder Bus unterwegs bist oder einen Termin hast, kommt es immer wieder zu Wartezeiten. Diese kannst du natürlich auch nutzen, indem du Dinge erledigst, die du sowieso erledigen musst oder willst. Hier sind ein paar Beispiele:

Höre ein Hörbuch, einen Podcast oder lies ein Buch.

Beantworte E-Mails, erledige kurze Telefonate, mache Termine aus.

Miste deine Daten aus, zum Beispiel deine Fotos auf dem Smartphone.

Plane die Gerichte, die du kochen willst, für eine Woche im Voraus und schreibe eine Einkaufsliste.

Lerne, zum Beispiel eine Fremdsprache.

Bearbeite Bilder, die du noch irgendwo posten willst.

Mache ein Brainstorming – entweder zu dem, was du noch zu erledigen hast, oder zu einer bestimmten Idee, und schreibe alles in eine Notizen-App.

Lies Blogartikel, die dich interessieren.

Schließe die Augen und lasse deine Gedanken schweifen oder genieße einfach mal bewusst das Nichtstun!

TO-DO *und* NOT-TO-DO-*Listen*

Wenn du Schwierigkeiten hast, herauszufinden, was du wirklich tun solltest und was weniger wichtig ist und eigentlich nur deine Zeit frisst, probiere diese etwas radikale Methode aus:

Schritt 1: *Erstelle eine Liste mit allen Dingen, die du tun willst oder meinst, tun zu müssen.*

Schritt 2: *Suche die drei wirklich wichtigsten Dinge heraus.*

Schritt 3: *Sortiere diese drei wichtigsten Dinge nach ihrer Priorität.*

Schritt 4: *Lege für jede Aufgabe einen Schritt fest, den du tun musst, um sie abzuhaken.*

Schritt 5: *Erkläre diese Liste zu deiner To-do-Liste: Du wirst jetzt einen dieser Schritte nach dem anderen erledigen.*

Schritt 6: *Alle anderen Punkte, die du in Schritt 1 notiert hast, sind deine Don't-Liste. Du kümmerst dich jetzt nicht darum, da sie weniger wichtig sind als die Punkte auf deiner To-do-Liste.*

Wenn du immer nach diesem Prinzip vorgehst, wirst du dich wundern, wie klar dir plötzlich sein wird, was wichtig ist und was noch warten kann. All die vielen Dinge, die in deinem Kopf herumspuken und deine Konzentration stören, stehen jetzt auf einer Liste und warten darauf, dass sie an der Reihe sind.

SO findest du heraus,
was du zuerst tun solltest…

Es ist nicht immer so leicht zu entscheiden, welchen Aufgaben du den Vortritt geben solltest. Wenn du damit Probleme hast, sortiere deine komplette To-do-Liste in das folgende Raster ein:

	Dringend	Nicht dringend
Wichtig		
Nicht wichtig		

Achtung: Beurteile die Wichtigkeit einer Aufgabe nicht nur nach äußeren Vorgaben. Vielleicht gibt es Dinge, die keinen direkten Einfluss auf dein Leben oder deine Karriere haben, aber DIR persönlich wichtig sind. Diese Dinge gehören ebenso in die „Wichtig"-Zeile wie andere Aufgaben! Etwas anderes ist es mit den Dingen, die für dich persönlich nicht unbedingt notwendig sind, aber von dir erwartet werden. Wenn die Welt nicht untergeht, weil du sie nicht erledigst, dann weg damit!

... *und wie* du **dabei** VORGEHST

Das Raster auf der gegenüberliegenden Seite nennt sich das Eisenhower-Prinzip. Es ist eine klassische Technik aus dem Zeitmanagement und hilft dir, zu erkennen, was du in welcher Reihenfolge tun solltest. Wichtig ist, sich an folgende Regeln zu halten:

Dringend und wichtig:
Diese Aufgaben sollten in deiner überarbeiteten To-do-Liste ganz oben stehen.

Wichtig, aber nicht dringend:
Diese Aufgaben sollten auch ein Recht auf deine To-do-Liste haben, da sie sonst schnell untergehen. Du kannst ihnen selbst eine Deadline zuweisen, damit auch sie dringend werden.

Dringend, aber nicht wichtig:
Die Aufgaben, die in diesem Feld gelandet sind, machen mehr Druck, als sie wert sind. Du kannst sie entweder komplett streichen oder an jemand anderen weitergeben.

Weder wichtig noch dringend:
Streiche diese Punkte komplett von deiner To-do-Liste.

Um diesen ganzen Prozess abzukürzen, kannst du dir auch einfach die folgende Frage stellen: Welche drei Dinge sollte ich heute erledigen, damit ich den heutigen Tag als erfolgreich betrachten kann?

ACHTE
auf *genügend Freizeit*

Freizeit ist deine wertvollste Zeit. In deiner freien Zeit kannst du alles tun, was dir Spaß macht, dich persönlich weiterbringt und einen Ausgleich zu deinem Alltag schafft. Achte deshalb darauf, dass du genug davon hast!

Verplane immer nur 50 % der Zeit, die du zur Verfügung hast!

Es werden immer unvorhergesehene Unterbrechungen kommen oder eine Aufgabe bedeutet vielleicht doch mehr Aufwand, als du dachtest. Dann gerätst du in Stress, weil du merkst, dass es immer unwahrscheinlicher wird, dass du alles schaffen kannst.

Solltest du jedoch in deinem Zeitplan liegen, hast du so einfach mehr Zeit für dich. Dann kannst du eine Runde entspannen, Pause machen oder einfach tun, was dir Spaß macht.

Nimm dir
bewusst
FREIE ZEIT

Halte mindestens einen Tag pro Woche frei, an dem du wirklich über deine freie Zeit verfügen kannst. An dem du keine Pflichten annimmst, sondern nur dein Leben genießt.

Wenn du das Gefühl hast, dir zu viele Projekte aufgehalst zu haben, dann entscheide dich nur für diejenigen Projekte, die dir am wichtigsten sind und lege den Rest vorübergehend auf Eis. Entweder du führst die Projekte später weiter, wenn du andere abgeschlossen hast, oder sie sind dir einfach wirklich nicht so wichtig.

Stelle dir dabei die Frage: „Welche Projekte machen mir Spaß und bringen mir langfristig am meisten?"

NUTZE
den Morgen

Es gibt einen Trick, der dir erlaubt, mehr Zeit für dich selbst zu haben. Zeit, in der du alles tun kannst, was du willst. Zeit, in der du an deinen Träumen arbeiten kannst.

Diese Zeit ist der frühe Morgen. Was wäre, wenn du morgens schon eine oder sogar zwei Stunden mit Dingen verbringen könntest, die du wirklich tun willst? Was, wenn du morgens schon erledigt hast, wofür du dich nachmittags immer zu erledigt fühlst?

Wir haben nur ein begrenztes Kontingent an Energie und Entschlossenheit für jeden Tag. Warum solltest du also nicht zuerst für dich selbst arbeiten und erst danach für deinen Chef?

Der Trick besteht darin, morgens zuerst für dich selbst zu planen und erst danach deinem Job nachzugehen. So tust du eine Menge für dich selbst und kannst dazu noch viel effektive Lebenszeit gewinnen!

Möglicherweise bist du bisher immer um 7:00 Uhr aufgestanden, hast dich dann hektisch fertig gemacht, um pünktlich zur Arbeit zu kommen. Wie wäre es, wenn du ab sofort zwei Stunden früher aufstehen würdest? Du könntest dann deinen eigenen Projekten nachgehen. Du könntest dir sogar einen Nebenverdienst schaffen. Oder einfach etwas tun, was dir wirklich Spaß macht und wozu dir abends oft die Energie fehlt.

Wie soll
DAS GEHEN?

Ich kann mir vorstellen, dass dir jetzt ein Haufen Gründe
einfallen, warum du auf keinen Fall noch früher aufstehen kannst.
Aber vielleicht ist das gar nicht so unmöglich, wie du denkst!

Wenn du dir einfach ab morgen den Wecker zwei Stunden früher stellst, wirst du morgens nicht voller Elan aus dem Bett springen, das ist klar. Aber könntest du nicht einfach 15 Minuten früher aufstehen? Dann hättest du schon mal eine Viertelstunde mehr, um eine Kleinigkeit zu tun, bevor du zu deinem üblichen Tagesablauf übergehst und es ist nicht schwer, sich an 15 Minuten früher zu gewöhnen. In der nächsten Woche stehst du wieder 15 Minuten früher auf – schon hast du eine halbe Stunde gewonnen. So kannst du das fortsetzen, bis zu dem Punkt, an dem du glücklich bist.

Der Vorteil dieser Morgenstunden ist, dass dich niemand stört. Keiner hält dich davon ab, zu tun, was du tun willst. Es gibt keine störenden Nachrichten oder Anrufe, es gibt nichts anderes, was noch erledigt werden muss. Alle anderen Menschen schlafen entweder noch oder sind selbst auf dem Weg zur Arbeit. Du hast wirklich deine Ruhe.

Ein weiterer Vorteil ist, dass du morgens noch deine komplette Aufmerksamkeit und Energie hast und sie ganz frei einsetzen kannst. Abends wird deine Konzentration einfach nicht mehr so hoch sein, weil sie sich den Tag über verbraucht.

Also schaffe dir morgens ein Zeitfenster nur für dich und nutze es nach deinen Vorstellungen!

ZEIT

IDEEN
für mehr Zeit
am Morgen

Die neu gewonnene Zeit darfst du nun natürlich nicht
aufs Spiel setzen, indem du dich einfach nur langsamer
fertig machst. Plane stattdessen etwas, das dich tatsächlich weiterbringt!

Was du mit nur 15 Minuten mehr Zeit am Morgen
anfangen kannst:

*Schaue dir eine kurze Lektion
eines Online-Kurses an.*

*Nimm dir Zeit für ein gutes
Frühstück.*

*Lies einige Seiten in deinem Buch
oder eine Buchzusammenfassung.*

NOCH
mehr *Ideen*

Plane deinen Tag.

Erledige einen kleinen Schritt, um einem deiner Ziele näherzukommen.

Nutze die Zeit, um etwas zu erledigen, was du sonst morgens nie schaffst, zum Beispiel einen Imbiss zum Mitnehmen vorzubereiten.

Schreibe an deinem eigenen Buch oder einem Blog.

Lerne, zu meditieren.

Mache etwas Sport, zum Beispiel Yoga oder ein paar Sit-Ups.

Mache in aller Ruhe einen kurzen Spaziergang.

Wie du dich selbst
überredest,
FRÜHER aufzustehen

Auch wenn es nur um ein paar Minuten geht, dein Hirn im Halbschlaf ist ein Meister der Manipulation! Damit du dich morgens nicht doch kurzfristig anders entscheidest und einfach länger liegenbleibst, gibt es einige Tricks.

Plane schon genau, was du in der gewonnenen Zeit tun willst: Es muss etwas sein, das du wirklich unbedingt machen willst, auf dessen Umsetzung du dich so sehr freust, dass du tatsächlich gerne aufstehst.

Diskutiere nicht lange. Dein Erfolg hängt nur davon ab, ob du tatsächlich aufstehst oder nicht. Behalte das im Hinterkopf, wenn dein innerer Schweinehund dir rät, länger liegenzubleiben. Drehe dich nicht noch mal um! Mache es zu deiner Pflicht: Wenn der Wecker klingelt, stellst du die Füße auf den Boden. Trainiere das!

Platziere den Wecker so, dass du aufstehen musst, um ihn auszuschalten. Gehe dann nicht nochmal ins Bett! Vielleicht legst du schon etwas in Sichtweite, das dich daran erinnert, was du eigentlich tun willst, sodass du darüber stolperst.

Trinke am Abend zuvor ausreichend Wasser. Die Chancen stehen gut, dass du morgens, wenn der Wecker klingelt, sowieso auf die Toilette musst.

Nutze deine Lieblingsmusik nicht als Alarmton, denn dann wirst du sie hassen. Allerdings kannst du direkt nach dem Klingeln des Weckers Musik anschalten, die dich wach macht. Dann startest du den Tag gleich mit guter Laune!

Zu schwierig?
WARUM *du es*
trotzdem tun solltest

Ich kann mir vorstellen, dass du jetzt denkst: „Oh je, bringt mir das frühere Aufstehen wirklich was?" Ich kann nur sagen, probiere es aus! Wenn du früher aufstehst und dann wirklich etwas tust, das dich persönlich weiterbringt oder für das du abends immer zu müde bist, wird dir das einen ganz neuen Antrieb geben!

Stelle dich vor alle anderen Pflichten. Tue zuerst etwas für dich, und zwar dann, wenn du noch genug Energie dafür hast.

Eine Viertelstunde früher aufzustehen, ist nicht so viel verlangt. Machst du das aber an fünf Tagen in der Woche, hast du schon eine Stunde und 15 Minuten gewonnen, die du für dich nutzen kannst. Wenn du eine halbe Stunde früher aufstehst, hast du zweieinhalb Stunden für dich. Zusätzlich, jede Woche.

Damit du trotzdem ausreichend Schlaf bekommst, gehst du abends, wenn du sowieso ausgepowert bist, einfach etwas früher ins Bett, statt diese Zeit vor dem Fernseher zu verbringen. Wenn es dir nicht gelingt, so früh einzuschlafen, kannst du dich auch ins Bett legen und lesen.

Finde Zeitfenster
für bestimmte Aufgaben

Die meisten Menschen checken ihre E-Mails oder Nachrichten über den Tag verteilt immer wieder. Das sind nur einige Minuten, aber diese Zeit summiert sich extrem. Auch wenn du gerne mal ein Spiel auf dem Handy spielst, kann das, über den Tag verteilt, sehr viel Zeit in Anspruch nehmen.

Arbeitest du in einem Büro, ist es selbstverständlich, dass du morgens als erstes in deine E-Mails siehst. Vermutlich musst du anschließend fünf bis 20 neuen Dingen deine Aufmerksamkeit schenken. Widmest du dich aber mit derselben Aufmerksamkeit jeder einzelnen neuen E-Mail, die gerade hereinkommt, wirst du immer wieder von dem abgelenkt, was du gerade tust.

Mache dir bewusst, wie viel Zeit draufgeht, wenn du ständig zwischen verschiedenen Aufgaben hin und her pendelst. Es kostet Energie, sich immer wieder neu auf eine Aufgabe einzustellen, die du eigentlich viel schneller hättest am Stück erledigen können.

Notiere alle Dinge, die du über den Tag verteilt immer wieder mal tust. Lege anschließend Zeitfenster für diese Dinge fest und überlege dir ein sinnvolles System.

ÜBERNIMM
die Kontrolle

Bleiben wir beim Beispiel der E-Mails in deinem Büroalltag. Mit meinen Tipps wirst du effektiver arbeiten – und das in weniger Zeit. Natürlich kannst du dieses System auch auf andere Dinge übertragen, mit denen du dich immer wieder beschäftigst.

Nutze den Morgen für die wirklich wichtigen Aufgaben und lasse dich nicht von eingehenden Nachrichten unterbrechen. Checke deine E-Mails erst eine halbe Stunde vor deiner Mittagspause und dann noch mal eine halbe Stunde, bevor du Feierabend machst. Das ist genug Zeit, um die neuen Mails zu lesen und die nächsten Handlungsschritte zu formulieren.

Eine halbe Stunde vor der Mittagspause liest du die neuen E-Mails und erledigst alles, was in fünf Minuten zu erledigen ist. Alle Aufgaben, die in deinem Postfach gelandet sind und länger dauern, setzt du auf eine To-do-Liste für den Nachmittag. Dann machst du Mittagspause und erholst dich.

Zurück am Schreibtisch, gehst du deine To-do-Liste durch und erledigst diese Aufgaben. Besonders anspruchsvolle Arbeiten notierst du dir, wenn möglich, für den folgenden Morgen, wenn du mehr Energie dafür hast.

Kurz vor Feierabend kannst du alles, was abgehakt ist, beantworten und noch einmal lesen, was neu hinzugekommen ist. Fertige eine To-do-Liste für den nächsten Tag an.

Lasse nicht zu, dass dir über den Tag verteilt deine Zeit geraubt wird, sondern übernimm selbst die Kontrolle über dein Handeln. Reagiere auf das Eintreffen einer Nachricht nicht wie ein Pawlowscher Hund mit sofortigem Nachsehen!

ZEIT

Erstelle LEITPLÄNE *für*
wiederkehrende Abläufe

Bestimmt gibt es in deinem Leben, egal ob im Job oder im Alltag, Aufgaben, die immer wieder mal anstehen. Allerdings auch nicht so häufig, als dass du sie ganz routiniert erledigen kannst. Ein typisches Beispiel für eine solche Aufgabe ist das Planen einer Reise: Hier gibt es viele Dinge, an die du rechtzeitig denken solltest. Hast du hierfür keinen Plan, kann das in großen Stress ausarten.

Viel effizienter wäre es, wenn du eine Packliste und eine Liste mit den Dingen hättest, die du rechtzeitig abklären musst.

Muss ich noch machen	Erledigt
Reisepass, Personalausweis oder Impfungen erneuern lassen	✔
Eine Unterbringung für Mietzi finden	
Jemanden finden, der nach der Post sieht und die Blumen gießt	✔
Tickets buchen und bezahlen	✔
Einen Stadtplan von Rom besorgen	
Aktivitäten am Reiseziel rechtzeitig buchen	
Zugverbindung zum Flughafen checken	
...	

Nutze Apps
mit Notizfunktion

Optimal funktionieren diese Listen, wenn du eine App wie beispielsweise Evernote, OneNote oder Devonthink To Go (iOS) nutzt. Du kannst dort Pläne für alle möglichen Abläufe und Vorkommnisse notieren, die du sehr schnell wiederfinden und jederzeit erneut nutzen kannst. Hierfür lohnt es sich, Pläne zu erstellen:

> *Arztbesuche, Rezepte anfordern, Medikationen*

> *Vorgänge im Job, die nicht ganz alltäglich sind*

> *Reparaturen oder Reinigungen von Haushaltsgeräten*

> *Reifenwechsel, Check und kleinere Servicearbeiten am Auto*

> *Partyvorbereitungen*

> *Frühjahrsputz*

> *Ausmisten von alten Unterlagen, Inventuren*

Erstelle immer, wenn ein solches Ereignis bevorsteht, ein einziges Mal einen Plan, den du in Zukunft immer wieder zur Hand nehmen und, falls nötig, auch erweitern kannst.

Diese Hacks will ich mir unbedingt merken!

whatsapp!
- E-Mails nur 2x/Tag checken
→ morgens + abends
- Abends 1h lesen
- Weniger fernsehen + social Media
- Zeitrahmen für lästige Aufgaben
- getrennte Einkaufslisten
- Abends Kleider + Essen vorbereiten
- Gerichte für die ganze Woche plane
- Verplane nur 50% der Freizeit
- 1d/Woche keinerlei Verpflichtunge
- Vor der Arbeit 1-2h eigene Projekte
- Wecker nicht griffbereit lege
- Musik nach dem Aufstehen
    - Pläne erstellen (Arztbesuche, Arbeitszeugnis, Kundendienst usw.)

- Pareto-Prinzip 80/20, um effizienter + schneller zu sein

  - Unnötige Gespräche kurz halten
  - Vorlagen für Routinethemen
  - Social Media + TV aus Tag eliminieren
  - 80/20 Regel Pareto Prinzip
  - Parkinsonsches Gesetz erkunden → enge Zeitrahmen setzen
  - Routinen aufbauen

Mindhacks

BEZIEHUNGEN

„Ich habe nicht das richtige Umfeld" – in diesem Kapitel geht es um alle Ausreden, bei denen andere Menschen im Vordergrund stehen. Das kann deine Familie sein, die andere Erwartungen an dich hat als du. Das kann dein Partner sein, der dich nicht unterstützt oder zu sehr einengt. Oder dein Freundeskreis, der dir nicht guttut, dein Job, der dir einfach keine Ruhe lässt. Vielleicht hast du dir auch einfach zu viele Pflichten aufdrängen lassen oder kannst einfach nicht Nein sagen. Das alles klären wir jetzt.

Umgib dich mit
MENSCHEN ...

Du bist zwar einzigartig, aber deshalb noch lange nicht unabhängig von den Ansichten und Einstellungen der Menschen, die dich umgeben. Anders gesagt: Du wirst zu den Menschen, mit denen du dich umgibst.

Haben die Menschen in deinem Umfeld eine bestimmte Meinung, wird sie sich auch bei dir festigen. Ihre Negativität wird auch dich bedrücken und bremsen. Bauen deine Freunde Mist und du bist dabei, trägst du eine Mitschuld.

Pflegst du aber Beziehungen zu starken Menschen mit einer positiven Einstellung, werden sie dich motivieren und unterstützen.

Also sorge dafür, dass die Menschen, mit denen du dich umgibst, genial sind!

... *die dir helfen,*
DU SELBST zu sein

Die Menschen, mit denen du die meiste Zeit verbringst, sollten die gleichen Wertvorstellungen haben wie du. Damit meine ich nicht, dass ihr die exakt gleichen Interessen haben müsst, aber eine ähnliche Moral. Eine ähnliche Sicht auf die Dinge, die dir wichtig sind.

> *Werde dir deiner eigenen Werte bewusst, damit du erkennst, welche Menschen dir guttun und dich weiterbringen. Menschen, mit denen du gemeinsam wachsen kannst.*

> *Meide den Kontakt zu Menschen mit Wertvorstellungen, die gegen deine Moral sprechen.*

> *Die Menschen, mit denen du dich umgibst, sollten dich nicht daran hindern, du selbst zu sein.*

> *Wenn du dich für bestimmte Menschen verstellen musst, leidest du unter dieser Beziehung vermutlich mehr, als sie dir gibt.*

Respekt
und EHRLICHKEIT

Jeder Mensch, egal ob er dich positiv oder negativ beeinflusst, verdient Respekt und Ehrlichkeit. Behalte das immer im Kopf, wenn du mit Menschen zu tun hast.

Egal, ob du einem Menschen nur kurz über den Weg läufst, eine lange Beziehung mit ihm führst oder den Kontakt zu ihm abbrechen willst: Sei niemals respektlos, werde nicht grundlos beleidigend und schaffe klare Voraussetzungen.

Auch du verdienst Respekt und Ehrlichkeit! Menschen, die dich nicht so behandeln, solltest du aus deinem Leben streichen.

Bei aller Liebe zur Ehrlichkeit: Du musst niemanden unnötig kränken, um schonungslos ehrlich zu sein. Manchmal ist Respekt wichtiger als Ehrlichkeit.

MACH dein
eigenes Ding

Auch wenn du gerne für andere Menschen da sein möchtest, solltest du niemals versuchen, es allen recht zu machen. Glücklich kannst du nur sein, wenn du dein eigenes Ding machst und nicht nur zur Zufriedenheit anderer beiträgst.

Wie willst du wirklich sein? Was willst du erreichen? Wie willst du aussehen? Womit willst du deine Zeit verbringen? All das zu bestimmen ist allein deine Aufgabe. Dein Partner hat kein Recht, dir vorzuschreiben, wie du dich kleiden sollst. Deine Eltern haben nicht das Recht, dir zu sagen, welchen Job du machen sollst. Dein Chef hat nicht das Recht, in deine Freizeit einzugreifen. Das sind Dinge, die du entscheiden darfst und MUSST.

Du kannst anderen gerne einen Gefallen tun. Aber du darfst deinen Willen nicht in die Hände anderer legen. Vergiss nicht, du hast nur dieses eine Leben!

Wer dich liebt und schätzt, der wird das auch weiterhin tun, wenn du so lebst, wie es dich glücklich macht. Wer das nicht kann, sollte nicht über dein Leben bestimmen.

Wer steht dir im Weg?
Ist es dein PARTNER?

Wenn dein Partner häufig der Grund ist, warum du nicht das tun kannst, was du willst, gibt es zwei Möglichkeiten: Entweder musst du diese Beziehung in Frage stellen oder du redest mit ihm oder ihr.

Erkläre, was dich einschränkt. Findet zusammen Lösungen, die euch erlauben, sowohl gemeinsame Zeit zu verbringen, als auch den eigenen Interessen nachzugehen. Vielleicht stellst du sogar fest, dass es deinem Partner genauso geht und er oder sie sich über deine Initiative freut.

Werde auf keinen Fall angriffslustig. Erzähle ganz sachlich, was du gerne tun würdest und wie du es dir vorstellst, dafür mehr Zeit und Freiraum einzuräumen.

Vielleicht brauchst du einen Raum, in den du dich ungestört zurückziehen kannst, um deinen Interessen nachzugehen. Falls du keinen solchen Raum hast, könntest du zum Beispiel einen kleinen Bereich in einem Zimmer dafür freiräumen.

Wenn ihr nicht nur gemeinsame, sondern auch unterschiedliche Interessen habt, tut es einer Partnerschaft sehr gut, gelegentlich etwas getrennt zu unternehmen. So kommt jeder auf seine Kosten und keiner fühlt sich genötigt, Dinge zu unternehmen, auf die er wenig Lust hat.

Vergiss nicht, dass du eine eigenständige Person mit eigener Meinung und Wünschen bist! Auch wenn du deinen Partner liebst, kannst du nicht dein ganzes Leben von ihm oder ihr abhängig machen. Findet einen Weg, der euch beide glücklich macht.

Oder
deine FAMILIE?

Deine Familie kannst du dir nicht aussuchen. Vielleicht haben deine Eltern oder Geschwister aber einen zu großen Einfluss auf dein Leben. Die Wünsche und Ziele deiner Eltern müssen nicht deinen eigenen entsprechen. Nur weil dein Vater eine Firma hat, heißt das nicht, dass du verpflichtet bist, sie zu übernehmen. Auch deinen Lebensstil musst du nicht den Vorstellungen deiner Eltern anpassen.

> *Es tut weh, wenn die eigene Familie nicht hinter deinen Entscheidungen steht. Mache trotzdem auf keinen Fall den Fehler, deine Ziele von anderen kaputtreden zu lassen!*

> *Du bist nicht egoistisch, nur weil du dein Leben nach deinen Vorstellungen gestalten willst. Du bist auch nicht weniger wert, wenn deine Karriere vom Plan deiner Familie abweicht. Es ist immer noch dein Leben – du kannst und musst es nach deinem eigenen Plan gestalten!*

> *Wenn Eltern nicht begeistert von den Entscheidungen ihrer Kinder sind, liegt das oft daran, dass sie sich Sorgen machen. „Wir wollen doch nur das Beste für dich!" ist ein Satz, den fast jeder kennt. Es ist tatsächlich so! Der Konflikt besteht nur darin, dass ihr unterschiedlicher Meinung seid, was das Beste für dich ist.*

> *Oft hilft in dem Fall ein Gespräch mit den Eltern. Versuche ihnen zu erklären, was genau dein Plan ist. Nimm ihnen die Sorgen, indem du ihre offenen Fragen beantwortest.*

Stehen dir deine
FREUNDE im Weg?

Was einen guten von einem schlechten Freund unterscheidet, kann man vielleicht so zusammenfassen: Ein guter Freund sagt dir unangenehme Dinge, damit du daran wachsen kannst. Ein schlechter Freund sagt dir unangenehme Dinge, um dich damit runterzuziehen, schlecht zu machen oder sich selbst besser darzustellen. Wer dir gar nichts Unangenehmes sagt, ist einfach nur ein Bekannter oder ein Freund ohne tiefe Beziehung. Auch das ist okay, solange du auch mindestens eine wirklich gute, innige Freundschaft führst.

Trenne dich von falschen Freunden. In einer Beziehung geht es immer um Geben und Nehmen. Freunde, die dir nichts oder nur wenig geben, aber viel von dir fordern, sind keine echten Freunde. Solche Menschen vernichten deine Energie und stehen dir im Weg.

Du merkst, dass eine Freundschaft für dich wenig Sinn macht? Beende sie! Entweder ziehst du einen klaren Strich und sagst der Person ehrlich, dass du kein Interesse mehr daran hast, diese Freundschaft zu pflegen oder du lässt den Kontakt einfach ausklingen.

Oder vielleicht sogar
dein JOB?

Möchtest du deinen Job behalten, aber mehr Freiraum für dich gewinnen, hast du folgende Möglichkeiten:

Notiere zuerst die Punkte, die dich stören, dich behindern oder dich unnötige Zeit, Nerven oder Aufwand kosten.

Rede mit deinem Chef darüber. Achte dabei auf ein gutes Timing. Wenn dein Chef gerade gestresst ist, wird er nicht auf deine Darlegungen eingehen.

Stelle deine Argumente so dar, dass dein Chef einen Vorteil darin sieht, auf sie einzugehen. Statt zu sagen: „Ich fühle mich überfordert mit XY", solltest du argumentieren: „Wenn ich XY auf diese Weise bearbeiten kann, würde es viel schneller und effizienter gehen und ich hätte mehr Zeit, mich um diese wichtigere Aufgabe zu kümmern."

Wenn du wirklich geschickt bist, lässt du deinen Chef im Glauben, dass er auf die Idee kam, die du durchsetzen willst. Spiele dafür auf etwas an, was er kritisiert hat und präsentiere ihm die Lösung.

Lasse dich nicht gleich abwimmeln. Wenn dein Chef dennoch ablehnt, schlage vor, deine Ideen für einen bestimmten Zeitraum zu testen. Sorge dafür, dass du in dieser Zeit wirklich bessere Ergebnisse bringst.

BEZIEHUNGEN

So gehst du mit
Menschen um…

Es gibt diese Menschen, die dich zur Verzweiflung bringen. Gegen die du am liebsten handgreiflich werden würdest. Manchmal sind das Menschen, die dir nur einmal über den Weg laufen, aber leider gibt es diese Menschen auch im Dauer-Abo. Vielleicht kennst du ihn auch, diesen Moment, wenn du denkst: „Warum muss er/sie so blöd sein? Kann er/sie nicht einfach so sein wie ich, ohne andere in den Wahnsinn zu treiben?"

Lasse uns zunächst festhalten, dass wir immer davon ausgehen, selbst viel besser zu handeln und zu reagieren. Wir sind schlau – er/sie ist dumm. Logisch! Jeder Autofahrer regt sich über Dinge bei anderen auf, die, macht er sie selbst, natürlich völlig begründet und unvermeidbar sind.

Bevor du dich aufregst, mache dir klar, dass du nicht weißt, welche unvermeidbaren Gründe der andere gerade für sein Verhalten hat. Du hast keine Ahnung, welche Verkettung von Ereignissen zu seiner aktuellen Entscheidung geführt hat!

... *die dich auf*
die PALME bringen

Wenn dein Problem mit ein paar Worten aus der Welt geschafft ist, dann rede mit der Person. Erkläre sachlich, ohne anzugreifen, warum dich das Verhalten stört.

Ist das nicht möglich, stelle dir vor, du wärst an Stelle dieser Person. Versetze dich in ihre Situation und versuche zu begreifen, dass sie so handelt, weil es für sie momentan die beste Alternative ist. Du weißt nicht, mit welchen Problemen die Person aktuell zu kämpfen hat.

Stelle dir vor, wie ihre Mutter sie sieht, die sie so liebt, wie sie ist. Wie ihr Partner sie sieht, der sie liebt. Begreife, dass sie auch nur ein Mensch ist.

Mache dir klar, dass du gerade zulässt, dass dich ein anderer Mensch runterzieht und ausbremst. Dass du deine eigene Lebenszeit gerade mit negativer Energie füllst. Das lohnt sich einfach nicht.

Wenn du dich wirklich aufregst und die Situation nicht mit dem Betroffenen selbst klären kannst, dann kotze dich kurz bei deiner besten Freundin/deinem besten Freund aus. Und dann höre auf, deine Energie in diese negativen Gedanken zu investieren und wende dich wieder produktiveren Dingen zu!

Entscheidungen
treffen

Hast du immer Angst, etwas zu verpassen, wenn du eine Entscheidung triffst?

Dass du immer die beste Entscheidung triffst, ist unwahrscheinlich, aber wenn du niemals auf den Punkt kommst, verbringst du viel mehr Zeit mit der Suche nach der besten Variante, in der du eigentlich schon glücklich sein könntest.

Stell dir vor, du willst einen neuen Laptop kaufen. Nachdem du einige Modelle verglichen hast, könntest du dich für den Laptop entscheiden, der deinen Ansprüchen am besten entspricht. Damit ist die Suche beendet, du hast einen neuen Computer und kannst ihn nutzen.

Du könntest aber auch weiter suchen, nach einem besseren und preisgünstigeren Modell. Bis du dich endlich für ein sehr gutes Angebot entscheidest, vergehen mehrere Wochen. Jetzt hast du einen besseren Deal gemacht als in der ersten Variante, und trotzdem ist da im Hinterkopf die bohrende Frage: „Hätte es womöglich den perfekten Laptop gegeben, wenn ich noch etwas gewartet hätte?"

In der ersten Variante hast du vielleicht nicht das beste Modell gekauft und auch etwas mehr bezahlt. Aber es wäre dir egal gewesen, denn dieser Laptop reicht für deine Ansprüche. In der zweiten Variante hast du sehr lange gebraucht und viel Aufwand betrieben, um die optimale Lösung zu finden. Trotzdem bist du unzufrieden.

Die besten Entscheidungen sind die, die du tatsächlich triffst. Verschwende nicht so viel Energie, nur um hinterher unzufriedener zu sein!

Der
Münztrick

Tust du dich schwer damit, eine Entscheidung zu treffen, wirf einfach eine Münze! Du musst dich nicht zwangsläufig für das entscheiden, was die Münze vorgibt. Sie soll dir nur bei deiner Entscheidung helfen. Achte auf dein Gefühl, wenn du die Münze geworfen hast. Entweder freust du dich über das Ergebnis – dann entscheide dich dafür. Fühlt es sich so an, als wäre dir die andere Möglichkeit lieber gewesen, dann weißt du ebenfalls, was du willst.

Wenn es um die Entscheidung zwischen mehreren Möglichkeiten geht, nutze einen Würfel oder eine Zufallsgenerator-App.

Aufgabe: Trainiere deine Fähigkeit, Entscheidungen zu treffen. Antworte in dieser Woche auf keine einzige Frage mit: „Ich weiß nicht, was meinst du?" Wenn es um Kleinigkeiten wie: „Was essen wir heute?" geht, triff einfach eine Entscheidung!

Lerne NEIN
zu sagen

Wenn du zu Dingen, die du nicht wirklich willst, NEIN sagst, kannst du zu wichtigeren und schöneren Dingen häufiger JA sagen.

Es fällt vielen Menschen schwer, Nein zu etwas zu sagen, obwohl es eigentlich besser wäre. Wenn es dir auch so geht, liegt das daran, dass du der zwischenmenschlichen Beziehung zu dieser Person nicht schaden willst. Denn wenn du Ja sagst, freut sich der andere, damit ist sein Problem gelöst. Sagst du aber ab, muss er sich weiter bemühen, um eine Lösung zu finden.

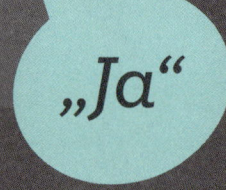

„Ja"

?

Mit dem ewigen Ja-Sagen machst du also Probleme der anderen zu deinen eigenen Problemen. Jetzt musst du dich damit auseinandersetzen. Interessanterweise würde die andere Person in den allermeisten Fällen ein klares Nein ganz genauso akzeptieren – und du hättest ein Problem weniger.

Definiere
dein JA

Damit du besser Nein sagen kannst, musst du dein Ja definieren. Das heißt, du musst wissen, was du wirklich willst. Wenn dir klar ist, wofür du andere Dinge absagst, kannst du das vor dir selbst gut verantworten und ganz überzeugt sagen: „Tut mir leid, dafür habe ich keine Zeit."

Wenn du weißt, was du willst, wirst du überzeugender auftreten können, wenn dir jemand etwas aufdrücken will, das eigentlich nicht in deine Pläne passt. Weißt du nicht genau, wo deine persönlichen Prioritäten liegen, wirst du im fraglichen Moment Schwierigkeiten haben, ein sicheres Nein zu formulieren.

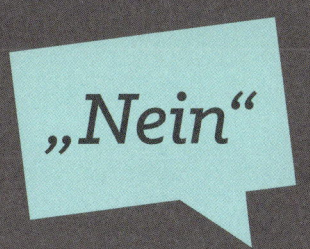

„Nein"

Aufgabe: *Definiere deine Prioritäten. Schreibe eine kurze Liste mit den Dingen, die dir wirklich am Herzen liegen. Schreibe die Ziele auf, auf die du dich jetzt konzentrieren willst und die Tätigkeiten, mit denen du deine Zeit am liebsten verbringen willst.*

Das nächste Mal, wenn dir eine Aufgabe angeboten wird, die dich nicht wirklich anspricht, denke an diese Liste und sage freundlich: „Nein".

So wirst du **zeitraubende Verpflichtungen** *los*

Erstelle eine Liste mit allen Verpflichtungen, die du hast. Das können berufsbezogene Pflichten sein, die deine Freizeit beschneiden, aber auch Tätigkeiten für Vereine, ehrenamtliche oder politische Tätigkeiten, Elternbeirat, Nachbarschaftshilfe oder Aushilfe bei Freunden.

Notiere nun, wie viel Zeit du für die jeweiligen Tätigkeiten im Monat investierst. Bedenke auch die Zeit, die du zur Vorbereitung und den Weg dorthin brauchst.

Sieh dir deine Liste an und finde die Dinge, die dir wenig Spaß machen, wenig mit deinen Zielen zu tun haben oder einfach nur lästig sind.

Jetzt hast du zwei Möglichkeiten: Entweder du trennst dich ganz von den Verpflichtungen, die dir nicht so wichtig sind, oder du reduzierst die Zeit, die du für sie aufbringst.

Werde jetzt sofort tätig: Setze dich mit den verantwortlichen Personen in Verbindung und erkläre, dass du ab jetzt leider nicht mehr die Zeit finden kannst, um dieser Verpflichtung nachzugehen. Möglicherweise ist es dir unangenehm, das zu tun. Aber du wirst sehen, dass es eigentlich kein großes Problem ist, wenn du freundlich und sachlich bleibst.

Begründe deinen Entschluss, aber rechtfertige dich nicht. Du kannst es folgendermaßen formulieren: „Ich habe gerade zu viele andere Projekte, um die ich mich kümmern will und brauche die Zeit."

LERNE
Selbstständigkeit

Es ist nichts falsch daran, andere um Hilfe zu bitten, wenn du sie brauchst. Ein gewisses Maß an Selbstständigkeit ist allerdings wichtig für deinen Erfolg.

Wenn du nicht in der Lage bist, Dinge selbstständig zu regeln oder einfach mal alleine loszuziehen, wenn du etwas unternehmen willst, wird dich das dein Leben lang ausbremsen. Dann bist du immer darauf angewiesen, dass sich jemand Zeit für dich nimmt. Wenn du eher ein introvertierter Mensch bist, fällt es dir vielleicht schwer, auf andere zuzugehen oder dir zu holen, was du willst. Ich bin heute noch total nervös vor jedem Anruf, obwohl ich jahrelang in verschiedenen Jobs Telefondienst gemacht habe.

Meine Lösung für das Telefonproblem: Nicht nachdenken, einfach machen und Probleme unterwegs lösen. Nicht schon vorher mehrere Dinge durchspielen, die schiefgehen können. Traue dich einfach, auch dumme Fragen zu stellen und dir wird geholfen!

Gegen Gehemmtheit hilft nur Training. Ich bin von Natur aus ein sehr schüchterner Mensch, aber ich habe gelernt, dass mir gar nichts passiert, wenn ich freundlich auf fremde Menschen zugehe. Ich trainiere das, indem ich Dinge alleine tue, die ich eigentlich sonst nicht gemacht hätte. Vor Kurzem saß ich ganz alleine im Kino und es war großartig!

Aufgabe: *Überlege dir fünf Aktivitäten, die dir Spaß machen und die du zum ersten Mal alleine tun wirst. Plane sie in deinen Kalender ein.*

Lasse dich NICHT
negativ beeinflussen

Vielleicht kennst du diese typische Situation aus der Schule: Du bist eigentlich ganz gut, aber dann freundest du dich mit Leuten an, die während des Unterrichts lieber andere Dinge tun, als dem Lehrer zuzuhören. Kurze Zeit später fängst auch du an, nicht mehr so viel mitzuarbeiten. Wenn die anderen schwänzen, machst du mit. Statt für eine Arbeit zu lernen, geht ihr feiern. Deine Noten rutschen in den Keller. Du hast dich von anderen beeinflussen lassen.

Diese Situation lässt sich auf alle Lebensbereiche übertragen. Wenn die Menschen, mit denen du dich umgibst, dich dazu verleiten, nicht das zu tun, was du eigentlich für dich und dein Leben tun willst, dann musst du dich retten, bevor du untergehst.

Andererseits kannst du unglaublich viel erreichen, wenn dein Umfeld aus positiven Menschen besteht. Menschen, die gute Dinge tun und die Kraft haben, ihr Leben so zu leben, wie sie wollen. Menschen, die aktiv sind und dich unterstützen, ebenfalls in dem weiterzukommen, was du willst.

Also wähle die Menschen, mit denen du die meiste Zeit verbringst, gut aus.

Die Kunst,
Dinge NICHT zu tun

Wenn du ein Buch liest und irgendwann feststellst, dass es dich nicht so sehr interessiert, liest du es wahrscheinlich nicht bis zum Ende. Diese Einstellung lässt sich auf viele andere Bereiche übertragen: Fühle dich nicht verpflichtet, etwas durchzuziehen, wenn es dir nichts bringt!

Gespräche, die zu nichts führen, solltest du so schnell wie möglich abbrechen. Wenn du Gruppenchats auf deinem Smartphone hast, die dich permanent benachrichtigen, weil sich ein paar Leute aus der Gruppe über Dinge unterhalten, die dich nicht interessieren, dann schalte diese Gruppe auf stumm oder trete ganz aus.

Höre auf, andere von deiner Meinung überzeugen zu wollen, wenn du merkst, dass sie nicht auf gute Argumente anspringen. Du bist nicht abhängig von der Meinung anderer. Lasse sie glauben, was sie wollen und mach dein Ding. Rege dich nicht darüber auf, dass manche Menschen anders denken als du, auch wenn du davon überzeugt bist, dass sie falsch liegen!

Versuche nicht einem bestimmten Bild zu entsprechen, das dir die Gesellschaft vorgibt. Du musst nichts sein – außer das, was du sein willst. Und du kannst nur das sein, was du entscheidest zu sein.

Du musst nicht alles tun, nur weil du es kannst! Die Fähigkeit, bestimmte Dinge zu unterlassen, wenn es keinen Sinn macht, kann sehr nützlich sein!

Lebe
DEIN Leben ...

Lasse dich nicht aufhalten, zu tun,
was du tun willst – nur weil du denkst,
dass du das nicht kannst.

*Steve Jobs, der geniale Firmen-
gründer von Apple, hat es einmal
sinngemäß so formuliert: „Alles
um dich herum, das du Leben
nennst, wurde von Menschen
gemacht, die nicht schlauer waren
als du. Wenn du das wirklich
verstanden hast, wirst du nie
wieder derselbe sein."*

*Das ist DEIN Leben. Wenn du
etwas nicht willst oder brauchst,
dann ERLAUBE einfach nicht,
dass es eine Rolle in deinem Leben
spielt. Und wenn du etwas willst,
dann stehe auf und hole es dir!*

... wie du
es WILLST

> *Der wichtigste Mensch,*
> *dem gegenüber du Wort halten*
> *musst, bist DU SELBST.*

Diese Hacks will ich mir unbedingt merken!

- Verstelle dich nicht für andere
- Umgib dich mit positiven, starken Menschen
- Jeder hat Ehrlichkeit + Respekt verdient
- Streiche Menschen aus deinem Leben, die respektlos oder unehrlich zu dir sind
- Ziele nicht von anderen kaputt reden lassen
- Bevor du dich über andere aufregst, denke über ihre unvermeidbaren Gründe nach.
- Negative Lebensenergie lohnt sich nicht
- Verschwende nicht zu viel Zeit für Entscheidungen; sie müssen nur deinen Ansprüchen genüge

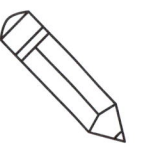

- Bei Kleinigkeiten wie dem Essen entscheide einfach du selbst.
- Zufallsgenerator-App / Münz-wurf
- Nehme dir nur für die Dinge Zeit, die du wirklich tun willst und sage öfter nein
- Plane 5 Aktivitäten alleine, die du eigentlich nicht alleine getan hättest
- Denk nicht so viel nach + führe das Telefongespräch einfach
- Wähle die Menschen mit denen du Zeit verbringst gut aus
- Willst du etwas nicht, gestehe dem Etwas keine Rolle in deinem Leben zu.
- Schalte uninteressante Gruppenchats auf Stumm.

Mindhacks
BERUFUNG

Was möchte ich eigentlich mit meinem Leben anfangen? Diese Frage stellen sich überraschend viele Menschen. Wo will ich eigentlich hin? Was würde mir Spaß machen? Auf welche Ziele möchte ich hinarbeiten? Und wie soll ich bloß herausfinden, wofür mein Herz schlägt?

Es gibt schillernde Persönlichkeiten, bei denen sieht das so einfach aus: Sie wissen, was sie wollen und setzen es um. Sie haben Spaß an dem, was sie tun. Mir ging das lange nicht so. Ich habe ernsthaft Löcher in die Luft gestarrt und überlegt, womit ich meine Zeit verbringen soll. Du bist also nicht alleine, wenn du jetzt noch keinen Plan und keine Ahnung von deinen Wünschen hast.
In diesem Kapitel zeige ich dir einige Hacks, mit deren Hilfe du herausfinden kannst, was du willst und wie du es umsetzen kannst.

Erkunde deine Träume & Ziele: die Bucket List

Hast du schon mal von einer Bucket List gehört? Das ist, kurz gesagt, eine Liste deiner Ziele, Wünsche und Träume, die du dir gerne in diesem Leben erfüllen würdest. Wäre es nicht praktisch, wenn du immer eine Liste parat hättest, auf die du schauen kannst, wenn du mal wieder den Faden verloren hast?

Ich würde dir raten, diese Liste digital zu erstellen, weil du sie so immer dabei haben kannst. Die digitale Version der Bucket List hat außerdem den Vorteil, dass du sie jederzeit anpassen kannst. Auch lassen sich so immer wieder kleine Zwischenschritte einplanen und abhaken, wenn du einen Schritt weitergekommen bist.

Deine persönliche Liste sollte flexibel sein. Manchmal wirst du feststellen, dass du etwas doch nicht so gerne willst, wie du anfangs dachtest. Manchmal wirst du Ziele anpassen wollen.

Wenn du dir Anregungen von anderen Menschen holst, überprüfe immer, ob dieses Ziel auch dir persönlich wichtig ist. Womöglich ist es vielleicht nur eine beliebte Wunschvorstellung, die dir selbst aber gar nicht so viel bedeutet.

Natürlich musst du nicht sofort die perfekte Liste erstellen. Du kannst jederzeit noch etwas ergänzen!

Kategorien für eine
Bucket List No. 1

Um eine Bucket List zu erstellen, bietet es sich an, deine verschiedenen Lebensbereiche in Kategorien einzuordnen. Du kannst dich zu jedem einzelnen Bereich fragen, was du gerne hättest oder wo du hin willst.

Auf den folgenden Seiten findest du viele mögliche Kategorien, aus denen du für deine eigene Bucket List diejenigen auswählen kannst, die dich persönlich weiterbringen.

BERUFUNG

Beruf, Einkommen
- *Wie willst du dein Geld verdienen?*
- *Wie viel Geld willst du verdienen?*
- *Wie viel Zeit willst du mit deinem Beruf verbringen?*

Familie, Freunde, Beziehung
- *In welcher Beziehung möchtest du leben?*
- *Willst du Kinder?*
- *Wie soll sich dein Kontakt mit deiner Familie und deinen Freunden gestalten?*

Kategorien für eine
Bucket List No. 2

Persönlichkeits-
entwicklung

- Wie willst du sein?
- Welche positiven Eigen-
schaften willst du dir
aneignen?
- Welche negativen
Gewohnheiten ablegen?

Körper, Fitness

- Wie willst du aussehen?
- Wie fit willst du sein?
- Hast du sportliche Ziele?

Besitz

- Welche Besitztümer
wünschst du dir wirklich?
- Was würde dich wirklich
glücklich machen?

Reisen

- Wohin willst du reisen?
Und wie?
- Wie würdest du gerne
Urlaub machen?
- Was willst du auf der
Welt entdecken?
- Welche Erfahrungen sind
dir dabei wichtig?

Kategorien für eine
Bucket List No. 3

Persönliche Freiheit
- Welche Freiheiten willst du haben?
- Welche Verpflichtungen möchtest du loswerden?
- Wie willst du mit deiner Zeit umgehen?

Erleben, Treffen, Veranstaltungen
- Was würdest du gerne einmal miterleben?
- Welche Erfahrung möchtest du gerne machen?
- Wen würdest du gerne treffen?
- Welche Veranstaltungen willst du besuchen?

Lernen
- Was würdest du gerne können?
- Gibt es Sprachen, die du lernen möchtest?
- Gibt es Hobbys, denen du gerne nachgehen würdest?
- Auf welchem Gebiet würdest du dich gerne weiterbilden?
- Was bewunderst du an anderen?

Status
- Wie willst du wahr-genommen werden?
- Möchtest du für etwas bekannt werden?

Kategorien für eine
Bucket List No. 4

Schaffen

- Was willst du der Welt oder deiner Familie hinterlassen?
- Möchtest du deine Erfahrungen weitergeben? Und wie?
- Willst du einem kreativen Hobby nachgehen?
- Willst du ein Buch schreiben, einen Film drehen oder…

Gutes tun

- Gibt es eine gute, wohltätige Sache, die du gerne unterstützen willst? Wie?
- Liegt dir ein Thema am Herzen, für das du etwas tun willst?

Aufgabe: *Stelle dir alle diese Fragen. Schreibe einfach alles auf, was dir einfällt, sei richtig kreativ. Sei auch nicht sparsam mit deinen Zielen – im Gegenteil!*

Danach kannst du deine ganzen Ideen sortieren. Achte auf dein Gefühl, wenn du die einzelnen Punkte liest! Hast du Lust, dieses Ziel zu erreichen oder eher nicht? Bist du dir nicht sicher, stelle dir vor, wie es wäre, wenn du es schon geschafft hättest oder gerade erleben würdest. Sortiere keine Wünsche aus, nur weil der Weg zu kompliziert erscheint oder du es dir jetzt noch nicht zutraust!

Gliedere nun deine Ziele in kleinere Zwischenschritte. Was musst du vorher noch erreichen? Wen kannst du um Hilfe bitten? Wer hat vielleicht Lust mitzumachen? Schreibe dir alle kleinen Schritte auf, die zwischen dir und deinem Wunsch stehen.

Wunscherfüllung
nach Plan

Du hast jetzt einen konkreten Plan, der dir jederzeit sagen kann, wo es hingehen soll. Betrachte diesen Plan als einen Leitfaden, aber nicht als Gesetz. Vielleicht findest du unterwegs Abkürzungen oder hast doch kein Interesse mehr an einem Ziel. Du kannst deine persönliche Bucket List jederzeit ändern!

Überprüfe deine Wünsche darauf, ob sie tatsächlich so umgesetzt werden müssen, wie du sie aufgeschrieben hast. Vielleicht gibt es Alternativen:

Wenn eines deiner Ziele darin besteht, mit einem schicken Auto durch die Stadt zu fahren, muss dir dieses Auto nicht unbedingt gehören. Du könntest es dir auch einfach für einen Tag oder eine Woche mieten. Viele Dinge, die Spaß machen, musst du nicht unbedingt selbst besitzen. Schaue dich ruhig einmal um, es gibt viele Agenturen, die dir ein bestimmtes Erlebnis verkaufen. Und das für einen Bruchteil des Aufwands und des Geldes!

Sortiere alle Ziele aus, die nicht deinen eigenen Wünschen entsprechen. Du musst in keine Schublade passen, die dir nicht gefällt. Du musst deinem Umfeld nichts beweisen, was dir nicht entspricht.

Du kannst deine Liste jederzeit nach deinen Wünschen und Erfahrungen anpassen, erweitern und fortführen. Mit Sicherheit werden dir einige Ideen auch erst später kommen.

Bitte mache nicht den Fehler, niemals etwas davon abzuhaken! Das Ziel einer Bucket List ist, dass du dir deine Wünsche erfüllst. Genau das sollte auch DEIN Ziel sein.

Der Beruf,
der dich glücklich macht

Am schönsten wäre es, gar nicht arbeiten zu müssen, oder? Einfach immer nur das tun, wozu du gerade Lust hast. Aber so einfach ist das natürlich nicht. Irgendwo muss das Geld ja herkommen, das dein Leben finanziert.

Ist dir schon mal aufgefallen, dass wir im Job einfach nur unsere Lebenszeit gegen Geld eintauschen? Das heißt, dass du einen nicht geringen Teil deiner Zeit opferst, um mit dem Rest deiner Zeit etwas anfangen zu können. Du hast die Pflicht, eine bestimmte Anzahl an Stunden an deinem Arbeitsplatz zu verbringen. Dafür bekommst du eine bestimmte Menge an Geld. Dieses Geld gibst du dann anderen Menschen, die ebenfalls eine bestimmte Anzahl an Stunden dafür arbeiten.

Ich will nicht über das System meckern, sondern mit dir zusammen herausfinden, wie du in diesem System glücklich werden kannst. Solltest du zu den wenigen Menschen gehören, die bereits einen Job haben, der ihnen wirklich Spaß macht, dann kannst du die folgenden Seiten gerne überspringen.

Von *SPEZIALISTEN* *und* SCANNERN

Bist du glücklich mit deinem Job? Meine Antwort sah lange in etwa so aus: „Nein, überhaupt nicht, aber ich weiß auch nicht, was ich sonst machen soll!"

Ich habe so oft gelesen, dass ich meine Leidenschaft zum Beruf machen soll. Ich habe mich dann immer gefragt, was bitte meine Leidenschaft sein soll. Wie soll ich das erreichen, wenn ich noch nicht einmal weiß, wo ich anfangen soll?

Für mich war das lange ein Punkt, an dem ich nicht weiterkam. Bis ich ein riesiges Aha-Erlebnis hatte, das ich gerne mit dir teilen will:

Es gibt zwei verschiedene Typen von Menschen: einerseits die Spezialisten, die sich für ein bestimmtes Thema interessieren und nicht selten sogar ihr Leben lang dabeibleiben. Daneben gibt es die so genannten Vielbegabten, die sich für Vieles gleichzeitig interessieren und die auch immer wieder etwas Neues finden, was sie interessiert. Die Autorin Barbara Sher hat für sie den Begriff „Scanner" geprägt.

Nach meinem persönlichen Eindruck ist die Gruppe der Vielbegabten gar nicht so klein. Diese Erkenntnis war für mich wahnsinnig wertvoll, denn ich habe endlich verstanden, dass viele Menschen das gleiche Problem haben wie ich. Da ist es natürlich schwer, sich auf ein einziges Berufsfeld festzulegen, denn vielleicht interessiert es mich morgen schon gar nicht mehr!

Zum Glück gibt es aber immer mehr Möglichkeiten, einen relativ abwechslungsreichen Job zu machen. Die Welt braucht sowohl Spezialisten als auch Allrounder, die verschiedene Gebiete kombinieren können und so Entwicklungen antreiben.

BERUFUNG

77

Auf der SUCHE...

Egal, ob du dich zu den Spezialisten oder den Scannern zählen willst, kommst du der Antwort auf die Frage, wie du deine Interessen und Leidenschaft(en) findest, mit der folgenden Aufgabe sicher näher.
Notiere die Antworten auf die Fragen, auch wenn sie noch so abwegig sind!

Es sind auch jederzeit mehrere Antworten möglich. Vermutlich denkst du bei den meisten Antworten, dass du sie niemals zu deinem Beruf machen kannst. Aber du wirst dich wundern, was alles möglich ist! Lass uns aus den ausgetretenen Wegen ausbrechen und das Ganze mal von oben betrachten.

- *Was würdest du gerne jeden Tag machen?*
- *Über welches Thema liest du gerne Bücher oder Magazine?*
- *Was hat dich motiviert, etwas sofort nachzumachen?*
- *Über welche Themen redest du gerne?*

- *Welche Idee würdest du gerne umsetzen?*
- *Bei welchen Problemen nimmst du dir gerne Zeit für andere?*
- *Welche Suchbegriffe gibst du in deiner Freizeit im Internet ein?*
- *Worauf freust du dich am Wochenende oder im Urlaub?*

- *Über welches Thema könntest du einen Ratgeber schreiben?*
- *Welches Problem oder Vorurteil willst du unbedingt bekämpfen?*
- *Was lässt dich die Zeit vergessen, wenn du dich damit beschäftigst?*

... *nach deinen*
Leidenschaft(en)

- *Wen bewunderst du? Was tut er oder sie und was fasziniert dich daran?*

- *Was motiviert dich dazu, über dich hinauszuwachsen?*

- *Welche Arbeit geht dir besonders leicht von der Hand?*

- *Was kannst du so gut, dass andere dich um Rat fragen?*

- *Welche Filme, Serien oder Romane fesseln dich und warum?*

- *Mit welchen fiktiven Charakteren würdest du gerne tauschen? Was haben oder tun sie, was du auch willst?*

Noch ein paar Anregungen:

- *Vielleicht interessiert dich nicht das spezielle Thema deines Hobbys, sondern eher die Tätigkeit.*

- *Vielleicht hast du gar nicht bemerkt, wie sehr dich etwas fasziniert, weil es nicht schlagartig kam.*

- *Lasse dich nicht von dem Gedanken abschrecken, dass mit deiner Leidenschaft kein Geld zu machen ist.*

- *Vielleicht kannst du deine Leidenschaft auch nicht beim Namen nennen. Das ist nicht schlimm. Du musst kein Schild für sie basteln.*

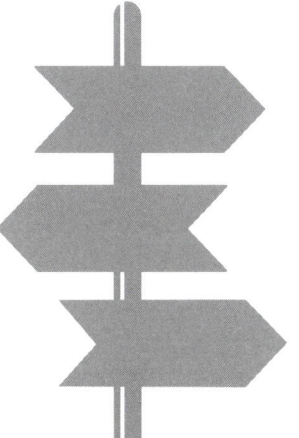

Wie du aus deinen Leidenschaften **einen BERUF machst**

Sicher konntest du einige Ideen aufschreiben. Was du nun hast: eine Liste mit deinen Interessen – aber noch keine konkreten Ideen. Vermutlich übst du auch bereits einen Job aus, den du nicht einfach hinschmeißen kannst, denn der neue Job muss ja erstmal gefunden werden. Die gute Nachricht ist: Du hast wahnsinnig viele Möglichkeiten!

Es besteht kein Grund, sofort deinen ungeliebten Job zu kündigen. Du kannst zunächst nebenbei anfangen, dir etwas Neues aufzubauen.

Alternativ kannst du möglicherweise auch deine Arbeitszeit verkürzen und die so gewonnene Zeit in dein neues Projekt investieren.

Deine Möglichkeiten
sind unbegrenzt

Bist du ein Spezialist und hat sich ein ganz bestimmtes
Interesse besonders herausgestellt:

*Versuche herauszufinden, ob es
einen konkreten Job gibt, bei
dem du genau dieses Interesse
ausleben kannst. Suche im Internet
danach und höre dich bei Bekann-
ten um. Vielleicht kennst du sogar
schon jemanden, der dir weiter-
helfen kann!*

*Möglicherweise musst du deinen
Job einfach selbst erfinden. Ja,
das meine ich ernst! Alles, was du
tun musst, ist ein Problem zu
lösen, für das andere Menschen
bereit sind, Geld auszugeben.*

Hast du mehrere starke Interessen:

*Du kannst auch zwei oder mehr
Ideen oder Interessen kombinieren. Das eignet sich besonders
gut, wenn du einen Job im Bereich
Beratung machen möchtest.*

*Vielleicht lernst du gerne Spra-
chen, reist gerne und interessierst
dich für Fotografie? Dann könntest du sowohl in Deutschland
als auch im Ausland Sprachkurse
anbieten, als Reiseblogger oder
Urlaubstester arbeiten oder als
Übersetzer/in. Du könntest dein
eigenes Buch schreiben, Experte
für professionelle Fotografie auf
Reisen werden, oder…*

Deine Möglichkeiten sind unendlich.

So kommst du
deinem Traumjob
NÄHER

Sollte es keinen konkreten Job geben, der dich anspricht, kannst du Folgendes tun:

Entwickle ein Produkt, das ein bestimmtes Problem löst.

Biete Kurse zu den Themen an, die dich interessieren.

Erstelle Videos, in denen du etwas erklärst, was du kannst, und biete sie als Onlinekurs an.

Schreibe einen Blog und/oder Ratgeber über dein Thema oder starte einen YouTube Kanal.

Erstelle eine (Online)Community zu deinem Thema und verkaufe Mitgliedschaften.

Biete dich als Lehrer, Coach oder Berater an.

Frage bei Firmen oder Selbstständigen nach, ob sie Unterstützung in deinem Interessengebiet brauchen können und wie so ein Job aussehen könnte.

Halte Vorträge auf Veranstaltungen.

Noch mehr IDEEN *für deinen Traumjob*

Biete deine Dienste online an, zum Beispiel als Designer, Musiker, Zeichner, Texter, Fotograf …

Erstelle einen eigenen Online-shop für deine Produkte oder zu einem bestimmten Thema.

Schreibe E-Books über die Themen, die dich interessieren.

Wirf zwei Probleme zusammen, die manche Menschen haben, und entwickle eine Lösung dafür.

Entwickle Software oder Apps.

Verkaufe deine eigenen Fotos oder T-Shirt-Designs.

Vielleicht fallen dir noch mehr Ideen ein. Wenn du planst, etwas aus dieser Liste umzusetzen, sieh dich im Internet nach Kursen und Onlinekursen, Videos, Büchern, Podcasts und Artikeln um, die dir erklären, wie das funktioniert. Es gibt in jedem Fall schon Menschen, die genau das tun und darüber berichten.

Die Meisterklasse:
PASSIVES Einkommen

Wenn du einen Job findest, der dir wirklich Spaß macht –
super. Wenn du aber lieber dein Leben ganz frei, nur
nach deinen Ansprüchen gestalten willst, ist ein passives
Einkommen das, was du ansteuern solltest.

Passives Einkommen bedeutet, mit einer Sache Geld zu verdienen, die du auf die Beine gestellt hast, die aber nicht deinen permanenten Einsatz verlangt, sondern nur deine gelegentliche Überprüfung.

Ein passives Einkommen solltest du neben einem Job nach und nach aufbauen, bis du tatsächlich davon leben kannst.

Viele der bisherigen Ideen, die du auf den vorhergehenden Seiten findest, eignen sich auch in der passiven Form. Du könntest zum Beispiel Produkte entwickeln, die du nur ein einziges Mal erstellst und dann unendlich oft verkaufen kannst. Das gilt sowohl für physische als auch für digitale Produkte.

Entscheidest du dich für die Entwicklung eines physischen Produktes, musst du dafür die Produktion, den Vertrieb, den Kundenservice und alles Weitere outsourcen. Wenn das dein Plan ist, empfehle ich dir in jedem Fall, für den Anfang das Buch „Die 4-Stunden-Woche" von Tim Ferriss zu lesen.

Das A und O:
SERIÖSE Vorbereitung

Mit digitalen Produkten ist es etwas einfacher. Hier lohnt es sich, dein eigenes Wissen in eine Form zu bringen und dieses online anzubieten. Das kannst du zum Beispiel mit E-Books, Videokursen oder sogenannten Nischenseiten machen.

Aber Achtung: *Bitte falle nicht auf die „Schnell-reich-werden-Masche" herein! Gerade auf diesem Gebiet versuchen sehr viele Leute auf unseriöse Weise an dein Geld zu kommen. Bevor du etwas zu diesem Thema kaufst, überprüfe unabhängige Rezensionen und sieh genau hin, ob das Angebot seriös ist.*

Die meisten Informationen bekommst du auch kostenlos im Internet. Schau dir immer zuerst an, welchen Menschen du da bezahlst, bevor du etwas kaufst!

Willst du dir gerne ein passives Einkommen aufbauen, lohnt es sich, dazu ein Buch zu lesen und einen Onlinekurs oder ein Coaching zu belegen. Dort wird dir genau erklärt, wie du bei deinem eigenen Thema vorgehen musst.

Diese Hacks will ich mir unbedingt merken!

Erstelle eine digitale Bucket List mit deinen Zielen

Mindhacks

GELD

„Ich kann mir das nicht leisten!" – Ist das deine Ausrede? Du kannst dir deine Träume nicht leisten? Dann bist du wirklich arm dran. Denn wenn du willst, kannst du dir nahezu alles leisten!

Glaube mir, ich hatte nie viel Geld. In meinem Leben habe ich mich häufig für die Variante entschieden, die mich glücklich macht, dafür aber kein Geld einbringt. Einmal hatte ich sogar über mehrere Monate überhaupt kein Einkommen. Auch das ging, weil ich genug Geld zurückgelegt hatte, um diese Zeit zu überbrücken.

Ich hatte nie das Gefühl, dass ich mir nichts leisten kann, auch wenn ich sehr lange nicht mehr als einen Hartz-IV-Satz verdient habe. Wie auch du mit deinem Geld klarkommst und dir deine Träume erfüllen kannst, selbst wenn dir nicht viel Geld zur Verfügung steht, erkläre ich dir jetzt.

Löse dich von der Idee, dass du VIEL GELD brauchst

Möglicherweise ist eines deiner Ziele, viel Geld zu besitzen. Das ist auch völlig in Ordnung! Aber das ist ein Ziel, und wir sind im Jetzt. Es geht darum, deine Einstellung zum Thema Geld so zu verändern, dass es für dich ein Mittel ist, um deine Ziele zu erreichen. Es gibt nur sehr wenige Dinge, die du wirklich nur dann erreichen kannst, wenn du viel Geld hast. Aber glaube mir, du kannst auch mit wenig oder gar keinem Geld verdammt viel auf die Beine stellen!

> *Die meisten Dinge, die du unternehmen willst, sind nicht wirklich kostspielig.*

> *Die meisten Projekte, die du umsetzen willst, funktionieren ohne großes Startkapital.*

> *Es gibt sehr viele Ressourcen, die du kostenlos oder sehr günstig nutzen kannst.*

Du hast wenig Geld? Hör auf zu jammern und finde heraus, wie du deine Wünsche trotzdem erfüllen kannst!

GELD und
Parkinson

Mit dem Geld auf deinem Konto
verhält es sich sehr ähnlich wie mit
der Zeit, die du für Aufgaben erü-
brigen kannst. Ich spiele auf das
Parkinsonsche Gesetz an, das ich
im Kapitel über Zeit bereits erklärt
habe (siehe Seite 21). Meine Theorie
lautet: Du gibst immer so viel Geld
aus, wie du zur Verfügung hast.

> *Hast du einen Monat lang nur wenig Geld, sparst
> du viel und kommst irgendwie über die Runden.*

> *Sobald du mehr Geld im Monat zur Verfügung hast,
> steigen auch deine Ansprüche und du leistest dir
> automatisch mehr.*

Das soll nicht heißen, dass du
dir nichts mehr leisten sollst, im
Gegenteil! Aber behalte diesen
Gedanken im Hinterkopf und über-
denke deinen Umgang mit Geld.

Niemals
SCHULDEN
machen

Und ich meine: wirklich NIEMALS Schulden machen!

Ab heute lebst du nach dieser Regel: Entweder du hast das Geld, oder eben nicht. Das heißt, du kaufst niemals irgendwelche Dinge auf Raten und nimmst niemals einen Kredit in Anspruch. Entweder du kannst direkt bezahlen – oder du kannst es nicht kaufen.

Bedenke immer, dass Ratenzahlung nur deshalb so gerne angeboten wird, weil so beim Käufer der Eindruck entsteht: „Das kann ich mir ja doch leisten!" Außerdem verdient der Verkäufer mit den Raten natürlich viel mehr, als wenn du einfach direkt den vollen Betrag bezahlen würdest.

Das nächste Mal, wenn du überlegst, etwas auf Raten oder auf Kredit zu kaufen, rechne mal durch, wie viel mehr dich diese Raten kosten! Und dann lasse es einfach sein.

Spare stattdessen möglichst immer etwas Geld, um dir größere Anschaffungen leisten zu können.

SCHULDEN
wieder *loswerden*

Wenn du schon Schulden hast, brauchst du dringend
einen guten Plan, um sie wieder loszuwerden!

Schritt 1: *Führe Buch über deine Ausgaben und streiche alles, was unnötig ist. Wenn du dokumentierst, was du ausgibst, bekommst du zudem ein besseres Gefühl dafür, wofür du zu viel Geld ausgibst.*

Schritt 2: *Checke dein Konto regelmäßig, damit du deine Finanzen immer im Blick hast und nicht auf die Idee kommst, mehr auszugeben, als du hast.*

Schritt 3: *Überlege dir, wie du dein Einkommen erhöhen kannst und nutze das zusätzliche Geld nur, um deine Schulden loszuwerden, denn das solltest du so schnell wie möglich. Schulden kosten schließlich Geld!*

Schritt 4: *Setze dir klare Ziele für die Tilgung deiner Schulden. Wie viel kannst du monatlich abbezahlen? Kannst du sie vielleicht schneller loswerden als geplant?*

Schritt 5: *Lasse dich nicht von vermeintlich guten Angeboten verleiten, noch mehr auszugeben. Plane deine Ausgaben genau: Was brauchst du und wie viel musst du zurücklegen, um es dir leisten zu können?*

Schritt 6: *Verbessere deine Strategie kontinuierlich in kleinen Schritten. Kannst du etwas mehr sparen und etwas schneller abzahlen?*

Schritt 7: *Belohne dich für deine Fortschritte mit Dingen, die nicht viel kosten! Denke dran: Es wird besser! Je weniger Schulden du hast, desto mehr kannst du dir leisten und desto freier kannst du leben.*

GELD

Richtig
SPAREN ...

Vor allem, wenn du Verantwortung für deine Familie oder Tiere trägst, musst du immer auf genügend Geld zugreifen können, um im Zweifelsfall einen Unfall oder eine Krankheit auffangen zu können.

Aber auch, wenn du nur für dich alleine verantwortlich bist, solltest du immer eine Rücklage parat haben. Vielleicht geht dein Auto oder die Waschmaschine kaputt, oder du willst einfach mal etwas Kostspieliges kaufen oder einen Urlaub buchen.

Eine einfache Lösung ist ein Tagesgeldkonto, auf das du am Anfang jeden Monats per Dauerauftrag direkt einen Teil deines Gehaltes buchst. Das lässt sich online ganz einfach einrichten und ändern. So kommst du nicht in Versuchung, das ganze Geld einfach auszugeben, sondern musst es bei Bedarf erst wieder zurückholen – was nicht kompliziert ist, aber doch eine gewisse Hemmschwelle darstellt.

Du solltest mindestens ein Viertel deines Gehaltes regelmäßig zurücklegen, damit du schnell eine gute Rücklage bilden kannst. Glaube mir, es ist ein geniales Gefühl, zu wissen, dass man nicht einfach so auf die Nase fallen kann. Außerdem kannst du dir auf diese Weise eine ganze Menge mehr leisten, wenn du es wirklich willst, statt dein ganzes Geld jeden Monat komplett auszugeben.

... für
WUNSCHOBJEKTE
und Notfälle

Lege dir sowohl eine gute Notfall-Reserve als auch ein Sparkonto für die Dinge an, die du dir gerne leisten willst. Fülle zuerst deine Notfall-Reserve auf und taste sie nicht an, wenn es sich nicht um einen Notfall handelt.

Danach kannst du dein gespartes Geld auch für Anschaffungen und Unternehmungen verplanen und musst nie mehr Angst haben, komplett zu stranden.

Mehr GELD
sparen

Günstig und gesund essen:

Gutes Essen muss nicht teuer sein! Gerade frisches Gemüse macht dich nicht arm und du hast wahnsinnig viele Möglichkeiten, daraus etwas Einfaches und Leckeres zu zaubern.

Digitalisieren:

Fast alle Medien gibt es günstiger in der digitalen Version, viele sogar kostenlos, wie Podcasts, Blogs und YouTube. Ein Abo-Serivce für Filme und Serien kannst du sehr günstig abschließen und musst nie wieder Filme kaufen oder leihen. Auch für Musik und Hörbücher gibt es entsprechende Anbieter, die sich lohnen. E-Books sind ebenfalls günstiger als gedruckte Bücher und zusätzlich platzsparend und umweltschonend.

Verträge und Abonnements kündigen:

Wie viele monatliche Kosten hast du? Sieh dir an, wer alles von deinem Konto abbucht. Kündige, was du nicht unbedingt brauchst, abgesehen von den lebensnotwendigen und gesetzlich vorgeschriebenen Kosten und dem, was du gerne und häufig nutzt.

Und noch
mehr…

Dinge selbst machen:

Ich habe mir kürzlich einen Schreibtisch aus zwei Gemüsekisten und einem beschichteten Holzbrett gebaut. Nicht edel, aber funktioniert. Außerdem verwende ich gerne meine alten T-Shirts, um daraus neue Tank-Tops zu fertigen. Es gibt unendlich viele Möglichkeiten, auch teure Dinge selbst herzustellen. Das Internet ist voller Ideen!

Ausmisten und zu Geld machen:

Wenn du möchtest, schau dich doch mal in deiner Wohnung um und miste ordentlich aus! Wenn du dabei einige Dinge findest, die noch gut in Schuss sind, kannst du sie verkaufen. Du hast die Wahl – alle Dinge, die du besitzt, aber nicht nutzt, sind totes Kapital.

Kostenlos lernen:

Im Internet gibt es zahlreiche Möglichkeiten, um dir kostenlos das Wissen anzueignen, das du für deine Projekte brauchst: YouTube, Podcasts, Blogs, kostenlose E-Books und viele Onlinekurse. Allerdings lohnt es sich auch oft, etwas Geld in die Hand zu nehmen und einen richtig guten Kurs oder ein richtig gutes Buch zu kaufen, wenn du es ernst meinst.

GELD

Überdenke
deine RITUALE

Der so genannte „Latte-Faktor" ist ein Begriff, den der US-amerikanische Autor David Bach geprägt hat. Er ist für mich die perfekte Metapher für den Grund, warum sehr viele Menschen nie genug Geld haben. Er besagt in etwa Folgendes:

Wenn du jeden Morgen auf dem Weg zur Arbeit einen Coffee-To-Go für 3,50 Euro und dazu ein Sandwich für 4,50 Euro kaufst, sind das 8,00 Euro. In einer Woche mit fünf Werktagen summiert sich das schon auf 40,00 Euro. Im Monat kommst du so auf ganze 160 Euro und im Jahr auf fast 2.000 Euro. Das bedeutet, dass du möglicherweise einen ganzen Monat im Jahr nur für dein Frühstück gearbeitet hast.

Was der Latte-Faktor so schön veranschaulicht, lässt sich natürlich auch auf viele weitere Bereiche übertragen: Vielleicht kaufst du dir regelmäßig Dinge im Vorbeigehen, ohne viel darüber nachzudenken, zum Beispiel Fast Food auf dem Heimweg, oder Zeitungen oder Süßigkeiten. Und das ist auch gar nicht schlimm! Es sollte nur kein Ritual werden, sondern eine Ausnahme bleiben, über die du dich dann auch besonders freuen kannst.

Wenn du dir, statt Latte und Sandwich im Vorbeigehen, einfach ein Frühstück und einen Becher Kaffee von zuhause mitnimmst, könntest du jedenfalls gut 1.500 Euro im Jahr sparen.

SPAREN für
Fortgeschrittene

Ziehe in eine günstigere Wohnung. Die Miete ist vermutlich dein größter Kostenfaktor. Wenn du viel Geld sparen willst, kannst du hier ansetzen.

Verkaufe (d)ein Auto, wenn du es nicht unbedingt brauchst. Wenn deine Familie mehrere Autos besitzt, kommt ihr vielleicht auch mit nur einem aus. Alternativ kannst du auch dein großes, Sprit fressendes Auto gegen ein kleineres, gebrauchtes tauschen.

Mache eine Shopping-Diät: Kaufe einen Monat nichts, außer den Dingen, die du wirklich brauchst.

Verfahre genauso mit dem Essengehen: Koche einen Monat lang selbst.

Gehe nicht zum Friseur, sondern lerne, deine Haare selbst zu schneiden. Das mache ich tatsächlich seit über einem Jahr so.

Iss kein oder weniger Fleisch. Das ist noch auf viel mehr Ebenen eine gute Idee.

Spare dir das Fitnessstudio, trainiere zuhause und an der frischen Luft.

Trinke nicht so viel Alkohol und höre mit dem Rauchen auf. Diese zwei Dinge sind sehr kostspielig und du kennst den Text.

Deine Einstellung
zu GELD

Denkst du, Geld ist böse? Denkst du, dass nur schlechte Menschen reich werden können? Wenn ja, ist das ein Grund, warum du niemals genug Geld haben wirst.

Erst wenn du Geld als das siehst, was es ist, nämlich nicht mehr und nicht weniger als ein Zahlungsmittel, wirst du auch genug Geld haben können.

Wenn du gierig bist, keinem anderen Geld gönnst und ständig versuchst, mehr zu bekommen, wirst du vermutlich niemals genug Geld haben.

Mit deiner Einstellung zu Geld entscheidest du auch über deine persönliche Zufriedenheit. Bist du der Meinung, du hast zu wenig Geld, wirst du immer zu wenig Geld haben. Wenn du weißt, dass Geld kein Problem ist, ist Geld kein Problem.

Ich möchte jetzt nicht zu esoterisch klingen, aber du musst einen lockeren Bezug zu Geld finden, damit es zu dir kommt. Du darfst Geld nicht zu ernst nehmen. Lasse auch mal „fünfe gerade sein" und du wirst sehen, es läuft.

WAS würdest du tun,
wenn du genug Geld hättest?

Würdest du dir weniger Sorgen machen? Würdest du mehr Geld für wohltätige Zwecke spenden? Deinen Job kündigen oder eine andere berufliche Laufbahn einschlagen? Dein Wissen weitergeben? Reisen? Aufhören, etwas nachzujagen, das du nie erreichen wirst? Mehr von dem machen, was du wirklich willst?

> *Was hält dich davon ab, das einfach jetzt schon zu tun?*

> *Wann hast du eigentlich genug Geld?*

Nimm dir etwas Zeit und stelle dir diese Fragen ernsthaft. Finde Wege, wie du jetzt schon tun kannst, was du willst. Und finde heraus, was du eigentlich gar nicht unbedingt willst.

Ein kleiner Ausflug
in den MINIMALISMUS

Minimalismus ist, ganz einfach gesagt: Lieber wenige, wirklich gute, schöne und nützliche Dinge, als einen Haufen Krempel, den du nicht nutzt. Minimalismus ist die Reduzierung auf das Wesentliche. Was wesentlich ist, entscheidest du selbst. Du musst keinem Ziel nachjagen und deinen Besitz nicht auf 100 Dinge reduzieren. Aber du kannst dir Gedanken darüber machen, wie viel Besitz du wirklich brauchst, um glücklich zu sein.

Du sparst viel Geld, wenn du dich nicht von geschickter Werbung überreden lässt, Dinge zu kaufen, die du eigentlich gar nicht brauchst oder willst.

Du musst weniger Wohnfläche finanzieren, wenn du nicht so viel besitzt.

Du sparst viel Zeit, wenn du dich nicht um so viel Besitz kümmern musst.

Du bist flexibler, je weniger Ballast du besitzt.

Gegenstände, die deine Gedanken negativ beeinflussen, weil sie an eine schlechte Erinnerung geknüpft sind oder dir Schuldgefühle machen, solltest du loswerden.

Es braucht nicht viel, um glücklich zu sein und die meisten Dinge, die dich glücklich machen, kannst du nicht kaufen.

Du kannst dich mehr auf dich selbst und deine Ziele konzentrieren, wenn du dich um weniger Besitz kümmern musst.

FRAGEN, die du dir stellen kannst,
bevor du etwas kaufst:

Werde ich das wirklich dauerhaft und regelmäßig nutzen? Macht es mich wirklich glücklich?

Habe ich das Geld gerade parat?

Kann ich etwas anderes aussortieren, wenn ich das kaufe und wenn ja, was ist falsch an dem anderen?

Geht es hier um Qualität oder um Quantität?

Würde ich das auch haben wollen, wenn es doppelt so teuer wäre?

ERLEBNISSE
statt
Besitz

Stelle dir vor, du hast 1.000 Euro zur Verfügung und musst dich entscheiden: eine neue Anschaffung oder eine Reise? Wovon hast du langfristig mehr?

Wenn du dir ein neues Auto oder einen Fernseher kaufst, hast du zwar hoffentlich auch einige Jahre etwas davon, aber von einem Trip zu einem deiner Traumziele nimmst du etwas mit, was dir für immer bleibt: Erinnerungen, die dein Herz lachen lassen. Lebenserfahrung und einen Haufen neuer Eindrücke, die du niemals vergessen wirst. Und Wissen, zum Beispiel neue Sprachkenntnisse.

> *Natürlich brauchst du einige Dinge zum Leben und um zufrieden zu sein, aber wenn du keine besonderen materiellen Wünsche zu erfüllen hast, würde ich mich an deiner Stelle für die Reise entscheiden. Denn Erlebnisse machen dich auf Dauer glücklicher als Besitz.*

Starte deine Projekte
OHNE
großen Einsatz

Du willst einen eigenen Blog oder Podcast starten? Du brauchst nur eine Idee – der Rest ist kostenlos. Du willst einen Film auf YouTube veröffentlichen? Die Kamera an deinem Smartphone reicht dafür schon aus.

Es gibt zahllose Projekte, die du zunächst ohne irgendeinen finanziellen Einsatz auf die Beine stellen kannst. Wenn du es ernst meinst, kannst du immer noch nachlegen und dein Equipment nach und nach verbessern.

Lasse dich nicht von dem Irrglauben ausbremsen, du müsstest zuerst top ausgestattet sein, um loszulegen! Suche im Internet nach Ideen, wie du dein Projekt kostenlos oder sehr günstig umsetzen kannst.

Hast du erst einmal angefangen, finden sich oft weitere Wege, wie sich deine Projekte selbst finanzieren können oder wie du sogar nebenbei noch Geld verdienen kannst!

Diese Hacks will ich mir unbedingt merken!

> Nie mehr Kredite + Ratenkäufe
> Schulden schneller abbauen
> Bei Schuldenabbau mit kleinen, günstigen Dinge beLohnen
> 1/4 des Gehalts zurücklegen
> günstiger einkaufen
> welche Kosten kann ich kündigen?
> zuhause trainieren
> Haare selbst schneiden?
> Fitness kündige
> 1 v. 2 Autos verkaufen

Mindhacks

GESUNDHEIT

Es gibt Menschen, die scheinen unendliche Energiereserven zu haben. Und dann gibt es Menschen, die sind nach der Arbeit nicht mehr in der Lage, irgendetwas zu unternehmen, weil sie einfach ausgepowert sind.

Ob du zu der ersten oder der zweiten Gruppe gehörst, ist kein festgeschriebenes Schicksal. Dein Energielevel hängt von verschieden Faktoren ab, die du selbst beeinflussen kannst. Fühlst du dich häufig zu müde, um dein Leben selbst in die Hand zu nehmen, dann ist es Zeit, an diesen Faktoren etwas zu ändern!

In diesem Kapitel geht es um deine körperliche Energie. Die Energie, die du brauchst, um etwas von deinem Leben zu haben. Dein Körper ist dein Zuhause. Du wirst dein ganzes Leben in ihm wohnen. Umso wichtiger ist es, dass du dich in ihm wohlfühlst. Dass er stabil und leistungsfähig ist – und dass du ihn magst.

Lade deine
AKKUS auf

Die wichtigste Grundlage für deine körperliche Energie ist dein Schlaf. Der Körper ruht, ist aber dennoch ganz schön aktiv. Während du schläfst, hat dein Körper nämlich Zeit für alle möglichen Wartungs- und Wiederherstellungsprozesse.

Deinen Schlaf kannst du wie ein Update betrachten, das dein Körper jede Nacht laufen lässt. Er synchronisiert sich. Während deine Körperzellen Stoffe verbrennen, verteilen und sich reproduzieren, verarbeitet dein Geist deine Eindrücke vom Tag, legt sie ab und schafft neue Verknüpfungen, damit du sie wiederfinden kannst.

Schläfst du nicht lange genug, unterbrichst du dein tägliches Update. Dann können weder dein Körper noch dein Geist so leistungsfähig sein, wie sie sollen. Außerdem leidet deine Motivation extrem unter Schlafmangel.

Deine Schlafqualität kannst du beurteilen, wenn du folgende Fragen stellst: Wie viele Stunden Schlaf habe ich tatsächlich? Sind es weniger als sieben Stunden? Wachst du in der Nacht häufig auf? Träumst du schlecht? Fühlst du dich trotz acht Stunden Schlaf nicht fit?

Probiere die folgenden Tipps aus!

Du kommst abends nicht ins Bett?
DAS hilft!

Nimm dir gezielt etwas vor, das du nur abends im Bett machst. Zum Beispiel ein spannendes Buch lesen, auf das du dich freuen kannst, wenn du schlafen gehst. Lesen im Liegen macht zudem schnell müde.

Wenn du dein Smartphone nicht weglegen kannst, installiere eine App, die den Bildschirm zu einer bestimmten Zeit automatisch verdunkelt. Damit wird dir signalisiert: „Wenn du nichts mehr lesen kannst, wird es Zeit, das Licht auszumachen!" Dann hält das Licht des Displays dich auch nicht künstlich wach.

Stelle dir einfach einen Wecker, der dich erinnert, dass es Zeit ist, mit deiner Abendroutine zu beginnen.

Jede Menge
HACKS ...

Schalte eine Stunde vor dem Schlafengehen alle Geräte aus und beschäftige dich mit einem ruhigen Hobby oder lies.

Nimm deine letzte Mahlzeit spätestens drei Stunden vor dem Schlafengehen zu dir. Achte auf leicht verdauliche Kost möglichst ohne Kohlenhydrate. Keine Pizza zum Abendessen!

Du liegst im Bett und kannst nicht einschlafen? Dann ist ein Buch ebenfalls eine gute Hilfe. Es geht natürlich auch mit einem E-Reader. Nutzt du Tablet oder Smartphone, solltest du einen Filter für das blaue Licht des Displays verwenden.

Verbanne alle aufwühlenden und brutalen Inhalte aus deinem Leben. Sieh dir keine übermäßig spannenden Filme an und schaue abends auch keine Nach-richten mehr.

Schreibe abends im Bett Tage-buch. Dann hast du einen guten Abschluss für den Tag und dir schwirren nicht so viele Gedanken durch den Kopf.

Gehe vor dem Schlafen noch mal raus, mache einen Spaziergang oder setze dich einfach ein paar Minuten vor die Tür, um Sauer-stoff zu tanken.

Lüfte dein Schlafzimmer immer gut durch und/oder schlafe bei geöffnetem Fenster.

Leichte Bewegung vor dem Schlafengehen tut dir gut. Schweißtreibenden Sport solltest du allerdings nicht mehr machen.

... um gut einschlafen
zu können

Wärme entspannt deine Muskeln und wirkt beruhigend. Du könntest ein warmes Bad nehmen oder dich auf eine Wärmematte setzen oder legen, bevor du ins Bett gehst.

Mache dir ein immer gleiches Abendritual zur Gewohnheit. Ein Ritual, an das sich dein Körper gewöhnt hat, stimmt ihn auf das Schlafen ein.

Falls du dich morgens wie gerädert fühlst: Investiere in eine richtig gute Matratze! Es gibt fast keine bessere Investition.

Entferne alle technischen Geräte aus dem Schlafzimmer oder ziehe zumindest den Stecker.

Experimentiere mit den Lichtverhältnissen: Viele Menschen können am besten in absoluter Dunkelheit schlafen. Lasse möglichst kein künstliches Licht in dein Schlafzimmer scheinen.

Dein Kopf schweift ab und hindert dich am Einschlafen? Versuche es mit Hörbüchern oder Podcasts. Während du zuhörst, kannst du schon nicht so viel nachdenken. Lasse dir einfach eine Geschichte vorlesen. Ich mache das schon mein ganzes Leben so.

Lerne Meditation oder luzides Träumen und praktiziere es im Bett, vor dem Einschlafen. In beiden Techniken geht es um das Loslassen. Beide bewirken eine größtmögliche Entspannung der Muskeln und der Gedanken – du schläfst gut und schnell ein.

Das hilft
GEGEN Alpträume

Wenn du ein Problem mit Alpträumen hast, empfehle ich dir, wirklich komplett Abstand von gewalttätigen Inhalten zu nehmen. Sieh dir weder Horrorfilme noch Thriller an und auch keine Nachrichten. Natürlich solltest du auch nichts dergleichen lesen oder hören. Füttere deine Fantasie nicht mit noch mehr Bildern, die sie gegen dich verwenden kann. Du kannst nichts träumen, was dir nicht in der Realität schon einmal in irgendeiner Form begegnet ist.

Wenn du möchtest, beschäftige dich mit dem luziden Träumen, das hat mir sehr geholfen. Visualisiere eine alternative, positive Welt, in die du eintauchen willst. Versuche, dir ein alternatives Verhalten und vielleicht sogar eine alternative Gestalt vorzustellen, die du im Traum annehmen kannst, wenn es gefährlich wird.

Lerne, im Traum mit der Gefahr umzugehen statt zu flüchten. Mache dich selbst stärker als die Gefahr oder lerne, dich auf sie einzulassen und herauszufinden, was sie dir mitteilen will. Wir begegnen in unseren Träumen oft Erkenntnissen in Form von Gestalten. Dann gilt es, diese Erkenntnisse verstehen zu lernen.

GUT ernährt
ist halb gewonnen

Wenn du unmotiviert bist, keinen Antrieb hast,
dich schlapp oder traurig fühlst, wenn du
schlecht gelaunt bist – all das kann durchaus
an deinem Ess- und Trinkverhalten liegen.

> *Die gute Nachricht: Du kannst mit Hilfe einer*
> *ausgewogenen Ernährung aktiv etwas für Schwung,*
> *gute Laune und deine Gesundheit tun. Ich werde*
> *jetzt keinen medizinischen Vortrag halten, denke*
> *aber, dass ein gewisses Grundwissen über Ernäh-*
> *rung sehr sinnvoll ist. Es wird dir dann viel leichter*
> *fallen, zu wissen, was du wann brauchst.*

Sollte dich das nicht interessieren oder sowieso
schon klar sein, überspringe es einfach!

Wasser
ist Leben

Du bist, was du isst. Diesen Spruch hast du bestimmt schon einmal gehört. Und es stimmt! Dein Körper kann nur von dem leben, was du ihm zur Verfügung stellst.

Er erneuert sich permanent, und zwar mit den Stoffen, die du ihm zuführst. Dazu gehört nicht nur feste Nahrung, sondern auch Flüssigkeit.

Über die Hälfte deines Körpers besteht aus Wasser. Nimmst du zu wenig Flüssigkeit zu dir, kann dein Körper nicht richtig arbeiten. Die Folgen sind Müdigkeit, Antriebslosigkeit, Kopfschmerzen, ein falsches Hungergefühl, das dich verleitet, zu essen und Verdauungsprobleme.

Trinkst du nicht genug Wasser, hat das direkte Auswirkungen auf dein Leben. Wasser sorgt dafür, dass alle Stoffe in deinem Körper an die richtigen Stellen transportiert werden. Es kümmert sich um nötige Reparaturen und transportiert die giftigen Substanzen wieder ab, damit du nicht stirbst. Es gibt dir Energie, kurbelt deinen Stoffwechsel an und hilft dir, produktiv zu sein. Fehlt dir Wasser im Körper, legst du dein gesamtes System lahm.

Die empfohlene Menge an Wasser, die du jeden Tag trinken solltest, liegt bei zwei Litern. Wie viel Wasser du genau brauchst, hängt von vielen Faktoren ab, zum Beispiel deiner Körpergröße und wie viel du dich bewegst. Möglicherweise reichen dir auch 1,5 Liter oder du brauchst sogar mehr als zwei Liter.

Bringe deinen Wasserhaushalt
AUF TRAB

Sorge dafür, dass dein Wasserhaushalt stimmt.
Und zwar mit Hilfe einer kleinen, einfachen Gewohnheit.

Aufgabe: *Trinke jeden Morgen einen halben Liter Wasser, wenn du aufstehst. Das sind etwa zwei Gläser. Du stehst auf, setzt dich hin und trinkst deine zwei Gläser Wasser, bevor du irgendetwas anderes tust.*

Diese zwei Gläser kannst du dann über den Tag verteilt steigern, bis du insgesamt acht Gläser Wasser am Tag trinkst. Gehe folgenden Deal mit dir ein: Du trinkst keine anderen Getränke, bevor du nicht mindestens einen halben Liter Wasser getrunken hast!

Habe dein Wasser und ein Glas immer neben dir auf dem Tisch stehen.

Du bist kein Fan von purem Wasser ohne Geschmack? Probiere Wasser mit echten Früchten oder ungesüßten Kräutertee.

Es gibt einige Apps, die dir helfen können, dein Trinkverhalten im Auge zu behalten und dich daran erinnern, regelmäßig Wasser zu trinken.

Nimm eine Wasserflasche mit, wenn du das Haus verlässt.

GESUNDHEIT

PROTEINE –
die Bausteine
deines Lebens

Es gibt drei große Nährstoffgruppen: Proteine (Eiweiß),
Fett und Kohlenhydrate (Zucker).

Vereinfacht kann man sagen, dass Proteine die Bausteine des Körpers sind. Aus ihnen werden Knochen, Muskeln, Haut und Organe und alle anderen Bestandteile gebaut. Da der Körper sich permanent erneuert, sind Proteine sehr wichtig für deinen Körper.

Wenn du Muskeln aufbauen möchtest, brauchst du besonders viele Proteine. Aber auch, wenn du generell gesund und fit sein willst, ist es wichtig, dafür zu sorgen, dass dein Körper immer genügend Nachschub bekommt. Nimmst du zu wenig Proteine zu dir, kann das zu gravierenden Mangelzuständen führen.

Proteine findest du vor allem in Fisch, Fleisch, Sojaprodukten, Ei, Milchprodukten, Hülsenfrüchten und Nüssen.

Hier kriegst du dein
FETT ab

Fett ist nichts Schlechtes. Dein Körper braucht Fett, um es zu verbrennen und daraus Energie zu gewinnen. Auch die Zwischenräume unseres Körpers werden mit Fett gepolstert. Es sorgt sozusagen dafür, dass nichts verrutscht oder kaputtgeht. Zusätzlich hilft es dir dabei, deine Körperwärme zu halten.

Fett ist der Treibstoff, der deinen Körper anfeuert, wie Benzin einen Motor. Ist das Benzin aufgebraucht, kannst du nicht mehr weiterfahren.

Fett findest du ebenfalls in Milchprodukten, Nüssen und in den meisten anderen Proteinlieferanten. Zusätzlich kannst du dein Essen mit guten Ölen anbraten. Ein besonders guter Fettlieferant ist die Avocado.

Treibstoff
für dein Gehirn

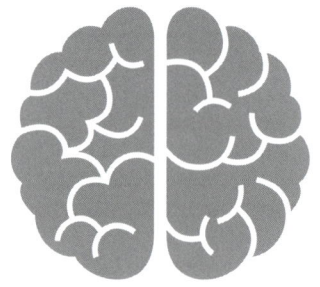

Etwas kompliziert wird es mit den Kohlenhydraten. Sie liefern dir sehr schnell einen Energie-Booster, lassen diese Energie aber auch sehr schnell wieder verpuffen.

Kohlenhydrate werden immer zuerst verbrannt. Wenn deinem Körper Kohlenhydrate zur Verfügung stehen, verbrennt er kein Fett. Es bleibt einfach liegen und wenn du nicht genug Energie benötigst, um das Fett auch noch zu verbrennen, wird es eben gespeichert. So entsteht Übergewicht.

Kohlenhydrate bestehen aus Zuckermolekülen. Du findest sie in allen Lebensmitteln, die aus Getreide hergestellt werden, also Nudeln, Brot, Reis, Kartoffeln, und in allen Lebensmitteln mit Zucker: Fertiggerichte, Süßigkeiten und süße Getränke.

Auch Obst und Gemüse enthalten Kohlenhydrate, wobei das süße Obst natürlich wesentlich mehr Zucker enthält als die meisten Gemüsearten.

Eine fiese Kombi:
FETT plus ZUCKER

Alle Inhaltsstoffe, die du auf einer Verpackung findest und die auf -ose enden, sind Zucker (Laktose, Fructose, …). Häufig werden Produkte als zuckerfrei angepriesen, während sie trotzdem jede Menge Frucht- oder Milchzucker enthalten können.

Auch Kohlenhydrate sind für deine Ernährung wichtig. Wir neigen aber dazu, sie in völlig unnatürlichen Mengen zu essen. Das schmeckt zwar gut, ist aber für den Körper schlecht. Wir nehmen viel zu viel von einem Stoff auf, der verhindert, dass wir Fett auf natürliche Weise verbrennen können.

Ganz besonders gemein ist die Kombination aus vielen Kohlenhydraten und viel Fett. Das Fett wandert direkt in Depots für schlechtere Zeiten, die vermutlich nicht kommen werden. Der Zucker sorgt für einen kurzen Energiekick, der aber sofort wieder gestoppt wird, weil dein Körper die ganze Energie für die Verdauung braucht.

Getränke mit viel Zucker, also Limonaden, Energydrinks und auch Säfte, liefern zusätzliche Kohlenhydrate – und zwar sehr viele! Nimmst du häufig süße Getränke zu dir, verhinderst du die Fettverbrennung ebenfalls.

Trinke keine Kalorien, dann kannst du sie stattdessen essen. Es spricht nichts dagegen, dass du dir ab und zu ein süßes Getränk gönnst. Aber Limonade & Co. sollten keinesfalls deinen Wasserkonsum überwiegen!

Die
Übergewichts-Falle

Alkohol enthält ebenfalls sehr viele Kohlenhydrate. Und es kommt noch etwas dazu:
Solange du Alkohol im Körper hast – also
auch dann, wenn du längst aufgehört hast
zu trinken – verbrennt dein Körper nichts
anderes außer den Alkohol.

Das heißt, alles, was du in dieser Zeit zu
dir nimmst, wird gar nicht erst angetastet,
sondern direkt gespeichert. Dein Körper
hat ja seinen Brennstoff noch im Blut.

Alkohol ist also eine echte Übergewichts-
Falle! Aber auch hier gilt natürlich: Was du
nicht übertreibst, ist okay. Mit Freunden
anstoßen ist nicht verboten. Behalte einfach
im Hinterkopf, dass dein Körper Alkohol
immer vor allen anderen Nährstoffen
verbrennt.

ARBEITE
an deiner Energiebilanz

Welche Lebensmittel welche Nährstoffe enthalten, kannst du auf den Verpackungen nachlesen. Die Nährwerte (Fett, Kohlenhydrate, Eiweiß...) sind immer in Prozenten pro 100 Gramm des Nahrungsmittels angegeben. Dort findest du auch Angaben zum Kaloriengehalt.

Kalorien – streng genommen Kilokalorien (kcal) – sind die Einheiten, in der die in Lebensmitteln gespeicherte Energie angegeben wird. Sie geben an, wie viel Brennstoff ein Lebensmittel deinem Körper insgesamt liefert. Wenn du so viele Kalorien zu dir nimmst, wie du verbrauchst, hältst du dein Gewicht.

Neben den drei Hauptnährstoffgruppen gibt es natürlich auch noch die Mikronährstoffe. Unter anderem sind das Vitamine und Mineralien. Diese braucht dein Körper, damit alle Prozesse reibungslos ablaufen können. Aus diesem Grund ist eine abwechslungsreiche, möglichst natürliche Ernährung sehr wichtig.

Ein Mangel an bestimmten Nährstoffen kann gravierende Folgen für deine körperliche Verfassung und deine Psyche haben. Sollte es dir wirklich schlecht gehen, kann das an deiner Ernährung oder an einer Stoffwechselstörung liegen. In diesem Fall empfehle ich dir, unbedingt einen Arzt aufzusuchen und dein Blut auf diese Werte testen zu lassen!

Diäten
und hungern

Lasse die Finger von Diäten! Einseitig zu essen ist nie eine gute Idee. Und auch wenn du abnehmen solltest, weil deinem Körper Nährstoffe fehlen, wird er sich diese Nährstoffe ab sofort in doppelter Menge einlagern, weil du ihm eine Notsituation vorgespielt hast. So entsteht Heißhunger und der bekannte Jojo-Effekt.

Viele Menschen denken, dass sie abnehmen, indem sie Mahlzeiten auslassen. Auch das ist ein Trugschluss, denn dein Körper verbrennt auch Kalorien, wenn du keinen Hunger hast. Den Körper hungern zu lassen ist sogar ein ziemlich gutes Mittel, um noch mehr zuzunehmen.

Wenn du abnehmen möchtest, achte unbedingt darauf, regelmäßig zu essen. Sobald dein Körper feststellt, dass du nicht genügend Brennstoff nachlieferst, geht er von einer Krise aus. Und was tut man, wenn die Zufuhr knapp wird? Man teilt es besser ein und legt Reserven an! Dein Körper möchte bei Hunger dein Überleben sichern und fängt an, die Körperfunktionen herunterzufahren, damit du weniger Kalorien verbrennst und mehr Fett eingelagert werden kann.

Mit dem Hungern verlierst du doppelt. Dein Körper verbrennt weniger, damit er mehr Fett speichern kann. Du hast umso mehr genau auf die Lebensmittel Lust, die richtig viele Kalorien bringen.

Alles
GANZ einfach

Mit diesen einfachen Hacks hast du deine Ernährung im Griff:

Trenne Kohlenhydrate und Fett. Iss entweder das eine oder das andere, damit dein Körper die Nährstoffe auch verbrennen kann. Denke dran: Kohlenhydrate = schneller, kurzer Kick, Fett = langfristige Energie

Kenne den Nährstoff- und Kaloriengehalt der Nahrungsmittel. Dann musst du nicht lange überlegen, was du essen solltest und was nicht.

Iss morgens eine proteinreiche Mahlzeit, zum Beispiel Rührei.

Bist du dir unsicher, nutze eine App, die dir zu jedem Lebensmittel genau sagen kann, was darin steckt.

Iss vormittags Ballaststoffe, zum Beispiel Müsli mit Früchten.

Nimm abends keine Kohlenhydrate mehr zu dir.

Nimm lieber viele kleine Mahlzeiten zu dir als wenige große. Eine kleine Mahlzeit kann eine Handvoll Nüsse sein oder ein Smoothie.

LECKER kochen –
gesund essen

Mache es dir leicht, indem du nach simplen, günstigen und gesunden Rezepten kochst.

Viele Gerichte kann man auch ohne Kohlenhydrate zubereiten. Bei einer Pizza kannst du beispielsweise den Boden austauschen. Eine Mischung aus Ei und Spinat, als Boden gebacken, funktioniert genauso gut wie etwa Auberginenscheiben. Beides einfach mit den üblichen Pizzazutaten belegen und backen!

Wenn du darauf achtest, bei den normalen Mahlzeiten weniger Kohlenhydrate zu dir zu nehmen, kannst du dir auch ohne Probleme mal etwas Süßes gönnen.

Überlege, ob du Gerichte, die du gerne magst, auch in einer gesünderen Variante zubereiten kannst. Das Internet ist voller Ideen!

Isst du häufig aus Langeweile oder neigst du zum Frustessen? Versuche auch dabei, gesündere Alternativen zu wählen. Vielleicht muss es nicht der ganze Pott Eis sein und du bist auch mit Nüssen oder etwas dunkler Schokolade glücklich?

Bringe deine Lebensenergie
auf Trab

Okay, deine Ernährung passt jetzt. Dann ist es Zeit, über deine Fitness nachzudenken. Was du erreichen willst, ist ein Energielevel, der dir erlaubt, alles zu tun, was du willst.

Du musst weder Fitnessmodel werden noch einen Marathon laufen. Alles, was du tun solltest, ist deinen eigenen Körper so fit zu halten, dass er dir nicht im Weg steht.

Wie fit bist du? Hast du die Power, die du brauchst, um deine Ziele zu erreichen? Wenn du keine großen, sportlichen Ziele hast, genügt es, dich einfach regelmäßig zu bewegen, um fit zu bleiben.

Deine Muskeln sind die Kraftpakete deines Körpers. Zusammen mit dem Skelett und den Bändern geben sie ihm Halt. Nutzt du deine Muskeln nicht regelmäßig, verkümmern sie. Das führt wiederum zu Schmerzen und dazu, dass dir die entscheidende Kraft fehlt, um deine Ziele umzusetzen.

MOVE
your body

Regelmäßige Bewegung ist wichtig.
Du hast viele verschiedene Möglichkeiten:

Wenn du Spaß an Sport hast, suche dir einfach ein sportliches Hobby. Sportvereine gibt es im Überfluss und in allen Varianten, von Kampfsport über Tanzen bis zu Ballsportarten. Überlege, ob es eine Sportart gibt, die du schon immer einmal ausprobieren wolltest.

Wenn du deinen Körper definieren möchtest, lohnt sich vielleicht eine Mitgliedschaft im Fitness-Studio. Der monatliche Beitrag, den du zahlen musst, kann dich motivieren, auch tatsächlich hinzugehen. Effektiver ist es, wenn du dich mit einer Freundin oder einem Freund zusammentust und ihr euch gegenseitig zum regelmäßigen Studiotraining motiviert.

Auch eine gute Idee: Baue mehr Bewegung in deinen Alltag ein! Fahre häufiger mit dem Fahrrad oder gehe zu Fuß, statt das Auto zu nehmen. Suche dir ein Hobby, das mit Bewegung verbunden ist – zum Beispiel Wandern, Skaten, Gärtnern, Tanzen, Schwimmen, Jonglieren, mit dem Hund Gassi gehen. Und last but not least: Sogar bei der Hausarbeit kommst du in Bewegung!

Du musst nicht jeden Tag das Gleiche machen. Aber versuche, wenigstens vier Mal pro Woche tatsächliche Bewegung in deinen Tag einzubauen.

Bringe dich gezielt
in Schwung

Du willst dir Fitness-Studio und Verein sparen?
Sehr viele Übungen kannst du auch zuhause machen:

Yoga, Sit-Ups und viele andere Übungen kommen ganz ohne Geräte aus. Für Ideen und Motivation findest du jede Menge Trainingspläne und Videos im Internet!

Du möchtest gerne mit Gewichten trainieren? Kaufe dir für wenig Geld einfache Hanteln oder zweckentfremde einfach eine Wasserflasche oder ähnlich schwere Gegenstände. Aber bitte kein falscher Ehrgeiz! Trainiere mit Gewichten, die du einfach anheben kannst und wiederhole das lieber öfter.

Nutze eine Trainingsplan-App, um dich zu motivieren. Die Wahrscheinlichkeit, dass du dabeibleibst, ist viel größer, wenn du einen Plan hast, der dir jeden Tag vorgibt, was du machen sollst.

Lasse dich von einem Trainer einweisen, wenn du wirklich Bodybuilding machen willst. Er kann dir auch genaue Anweisungen geben, damit du dir keine falschen Haltungen und Abläufe angewöhnst.

Egal was du tust: Starte langsam! Überfordere dich zu Anfang nicht gleich, denn dann wirst du deine Motivation nicht lange aufrechterhalten können. Mache regelmäßige Pausen, sie sind genauso wichtig wie die Bewegung selbst! Denke daran, immer genügend Wasser zu trinken.

Wer rastet –
der rostet

Warum du unbedingt Bewegung in deinen Alltag einbauen solltest und wie das geht:

Je fitter du körperlich bist, desto mehr Energie hast du für deine Projekte.

Wenn du etwas haben willst, musst du es trainieren! Das gilt für Energie, Muskeln, Ausdauer und Beweglichkeit!

Du fühlst dich einfach besser, wenn du körperlich fit bist.

Sportliche Menschen sehen einfach gut aus, auch das pusht deine Motivation.

Mehr Muskeln verbrennen mehr Fett. Je mehr Muskeln du hast, desto leichter wird es für dich, dein Gewicht zu halten oder abzunehmen. Und das auch, während du dich nicht bewegst!

Installiere eine Schrittzähler-App und versuche, jeden Tag die 10.000-Schritt-Marke zu knacken.

Stehe bei Telefonaten auf und laufe umher. Das fördert zudem die Konzentration.

Lege während der Arbeit immer mal wieder eine kurze Pause ein, stehe auf und gehe herum oder dehne dich.

Absolviere einige Übungen, während du eine Serie ansiehst.

Nimm an einer Fitness-Challenge teil, um dich zu motivieren.

Hänge einen Fitnessplan als Reminder auf.

Give me
FIFE

Dein Körper kann fünf verschiedene, grundsätzliche Bewegungen ausführen. Deckst du alle fünf Bewegungsbereiche ab, trainierst du damit deinen ganzen Körper.

1. Aufrichten: *Das kannst du mit Kniebeugen trainieren.*

2. Heben: *Hebe mit geradem Rücken, aus den Beinen heraus, Gewichte oder eine schwere Kiste an.*

3. Drücken: *Funktioniert gut mit Gewichten, wenn du auf dem Rücken liegst. Oder du machst Liegestütze. Auch Planking ist eine Übung, die deinen ganzen Körper trainiert.*

4. Ziehen: *Klimmzüge kannst du zum Beispiel an einer Schraubstange im Türrahmen machen.*

5. Laufen und Springen: *Versuche täglich 10.000 Schritte zu schaffen. Wenn du gerne läufst, kannst du auch joggen gehen.*

Wenn du es schaffst, Übungen aus allen fünf Bewegungsbereichen in deinen Alltag oder Trainingsplan zu integrieren, trainierst du praktisch alle Muskeln deines Körpers.

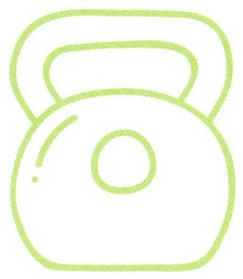

GEH mal
vor die Tür

Wenn du dich meistens in geschlossenen Räumen aufhältst, fehlen dir zwei sehr wichtige Faktoren für Energie und Wohlbefinden: Sonne und frische Luft!

Sonnenstrahlen liefern das wichtige Vitamin D, das du unbedingt brauchst, um dich gut zu fühlen. In der dunklen Jahreszeit, wenn wir die meiste Zeit drinnen verbringen, werden viele Menschen antriebslos oder im schlimmsten Fall depressiv. Ich habe damit auch große Probleme. Umso wichtiger ist es, jeden Tag eine Dosis Sonne zu tanken!

Auch bei geschlossener Wolkendecke tut allein schon die frische Luft deinem Körper unheimlich gut. Achte darauf, zuhause regelmäßig zu lüften, damit du nicht ständig nur verbrauchte Luft atmest.

Sonne und frische Luft lassen sich perfekt mit Bewegung kombinieren! Frühstücke bei schönem Wetter doch einfach mal draußen oder mache ein Picknick. Und keine Angst vor tiefen Temperaturen: Wintergrillen ist neuerdings schwer angesagt!

Hast du einen Garten oder Balkon, lege dich doch einfach mal unter eine Decke in die Sonne und lies. Oder ziehe an einem Regentag wetterfeste Klamotten an und gehe mit deinen Kindern auf einen Spielplatz.

Dir fallen bestimmt noch mehr Dinge ein, die du draußen machen könntest. Dein Energielevel dankt es dir!

Jetzt chill
auch mal!

Für dein Wohlbefinden ist Entspannung ebenso wichtig wie Bewegung. Entspannung ist, wie der Name schon sagt, der Abbau von Spannung. Das gilt sowohl für den Körper als auch mental.

Ständig im Stress zu sein macht krank. Willst du fit bleiben, ist es wichtig, sowohl körperlich als auch gedanklich regelmäßig abzuschalten. Dann können dein Körper und dein Geist wieder runterfahren und sind bei der nächsten Gelegenheit wieder leistungsfähig.

Auch ein Marathonläufer kann zwar sehr lange durchhalten, aber wenn er seine Energie nicht geschickt einteilt, hat er keine Chance. Gib deinem Körper die Zeit, sich zu regenerieren, wenn du aktiv warst. Tust du das nicht, kannst du keine Muskeln aufbauen, weil sie immer beansprucht werden.

Gib deinem Geist die Chance, Abstand zu nehmen. Setzt du dich andauernd mentalem Stress aus, brechen deine Nerven zusammen. Schalte ab mit Dingen, die du gerne tust und die dir gut tun.

Diese Hacks will ich mir unbedingt merken!

> Abends ½h lesen im Bett
> 1h vor dem InsBettgehe alle Geräte ausschalten
> Tagebuch schreiben
> Vor dem Schlafen lüften
> Spätestens 3h vor Schlaf Abendessen (leichte Kost)
> Abends nichts Aufregendes, Gewalt, Nachricht
> Kirschkernkissen warmmache
> Keine elektr Geräte im Schlafzimmer
> Luzides Träumen?
> Nicht einschlafen? = Hörbuch / Podcast
> Wasserflasche beim Verlassen d. Hauses einpacken
>> Morgens Proteine, mittags KH
>> Eine Sportart Meein suchen

> Regelm. wandern o. spazieren
> 4x / Woche Bewegung
  (Di, Do, Fr, So)
> Beim Telefonieren herumlaufen
> Fitness-Challenges
> Während einer Serie trainieren
> Regelm. lüften
> In der Pause nach Hause laufen

Mindhacks
ACHTSAMKEIT

Eigentlich ist das Leben doch schön. Trotzdem schlagen wir uns oft mit so einem diffusen „Ich-bin-so-unzufrieden-Gefühl" herum. Dabei könnten wir glücklich sein – wenn wir nur Augen für die vielen tollen Dinge um uns herum hätten. Es passiert so viel Schönes, wir aber richten unseren Blick immer wieder auf das Negative.

Die Kunst, glücklich, zufrieden und frei von Selbstzweifeln zu sein, besteht darin, zu erkennen, was du hast und wie gut es dir schon geht. Dass du auch jetzt schon schlau, schön und fähig genug bist, um alles zu tun, was du wirklich willst.

Zufriedenheit ist deine eigene Revolution!

DANKBARKEIT
praktizieren

In deinem Leben gibt es unglaublich viele Dinge, für die du dankbar sein kannst. Nicht nur, dass es ein riesiger Glücksfall ist, dass du lebst – du hast auch unendlich viele Möglichkeiten, die dir offen stehen. Du kannst jederzeit eine freie Entscheidung treffen.

Meist ist uns gar nicht bewusst, wie gut unser Leben eigentlich ist: Wenn du Hunger hast, gehst du einfach zum Kühlschrank und nimmst dir raus, was du willst. Du hast Zugang zu gutem, gesundem Essen und sauberem Wasser.

Du kannst deine Freizeit gestalten wie es dir Spaß macht. Für jedes Interesse gibt es Angebote und Medien, die du nutzen kannst. Die Vielfalt an Dingen, die Spaß machen, war noch nie so groß wie heute.

Denkst du manchmal Dinge wie: „Wie gut, dass es Schuhe gibt, die meine Füße beim Laufen schützen!" oder: „So eine Dusche ist schon eine geniale Erfindung!" oder: „Wow, diese Blume ist wunderschön!" Nein? Warum denn nicht?

Gehe mit offenen Augen durch die Welt und fange an, die vielen tollen Dinge um dich herum zu registrieren. Lächle einfach mal über einen Schmetterling, der an dir vorbeifliegt! Beobachte die Wolken. Freue dich am Wechsel der Jahreszeiten.

Dankbarkeit
macht
GLÜCKLICH

Sieh dir deine Familienmitglieder und Freunde an und denke an ihre vielen tollen Eigenschaften.

Sei dankbar für die vielen genialen und wunderschönen Dinge, die dir begegnen. Wenn du das täglich praktizierst, wird sich bald ein tiefes Glücksgefühl einstellen, das sich in dir ausbreitet. Bewahre dir dieses Gefühl und nutze es, um jeder Situation eine positive Note zu verleihen. Pflege dieses Gefühl und lasse es wachsen.

Bedanke dich regelmäßig bei den Menschen, die dir etwas bedeuten. Egal, ob Familie, Freunde, Kollegen oder einfach die nette Kassiererin: Bedanke dich für die Dinge, die andere tun und die dich glücklich machen!

Das Leben
findet im HIER...

Deine Vergangenheit kannst du nicht mehr ändern, das ist eine Tatsache. Warum solltest du also deine Zeit damit verschwenden, dir Gedanken über die Vergangenheit zu machen? Viel wichtiger als die Vergangenheit und die Zukunft ist das Jetzt!

> *Deine Zukunft kannst du selbst bestimmen, aber das funktioniert nur, wenn du JETZT handelst. Du kannst zwar von der Zukunft träumen und dich auf Dinge freuen, die du planst, aber du wirst diese Dinge nicht erleben, wenn du sie nicht jetzt startest.*

> *Du kannst keinen Urlaub machen, den du niemals antrittst. Aber du kannst ihn jetzt planen oder jetzt einfach starten, und sehen, wo du landest. Du kannst kein Buch veröffentlichen, das du niemals geschrieben hast. Du kannst nicht in deinem Traumjob arbeiten, wenn du ihn nicht angehst. Du kannst kein Geld ausgeben, das du niemals verdient hast.*

... *und*
JETZT statt

Hast du geplant, dein Leben lang zu arbeiten, damit du deine Zeit endlich genießen kannst, wenn du in Rente gehst? Was, wenn du deine Rente nicht mehr erlebst? Willst du deine Gegenwart wirklich komplett für eine ungewisse Zukunft opfern? Du könntest so viele Dinge tun, die Spaß machen und müsstest trotzdem im Alter nicht von Wasser und Brot leben.

Du hast so viele Möglichkeiten, genau jetzt, in diesem Moment. Mache deine Zukunft jetzt zu dem, was sie sein soll und vor allem: genieße deine Zeit!

SPÜRE
deine Emotionen

Manchmal sitze ich im Auto, höre ein Lied auf voller Lautstärke, singe mit – und mir kommen die Tränen. Das muss nicht einmal ein sehr emotionales Lied sein, aber in diesen Momenten werde ich einfach von meinen Gefühlen überrannt. Ich fange an zu weinen, weil mich die Musik gerade so packt. Weil ich es fühle. Und das ist schön.

Wahre Gefühle für etwas oder jemanden sind das, was Glück ausmacht. Meistens sind wir aber durch unseren Alltag so gefangen und abgestumpft, dass wir kaum noch Emotionen zulassen können oder sie einfach gar nicht wirklich wahrnehmen.

Aufgabe: Konzentriere dich, wenn du alleine bist, mehr auf deine Gefühle. Fühle die Musik, die du hörst. Fühle die Emotionen eines Films oder einer Geschichte. Gefühle bedeuten, lebendig zu sein.

LACHEN
macht glücklich

Lachen ist gesund! Und nicht nur das, es macht auch glücklich. Und deshalb solltest du es so oft wie möglich tun. Denn was ist denn bitte besser, als wirklich aus vollem Herzen lachen zu müssen?

Suche dir Comedians, die du wirklich witzig findest. Das kannst du besonders gut auf YouTube tun. Klicke dich durch ein paar Videos, bis du Menschen gefunden hast, bei denen du wirklich laut loslachen musst. Noch besser funktioniert das, wenn du die Clips nicht alleine ansiehst!

Umgib dich regelmäßig mit Menschen, die deinen Humor teilen. Seid albern, lacht über alte Geschichten, erfindet Running Gags, erzählt euch von lustigen Erfahrungen! Telefoniere mit Freunden, die du nicht so oft siehst!

Wenn du Kinder hast, oder Kinder in deinem Umfeld leben, beschäftige dich mehr mit ihnen. Lache mit ihnen über den ganzen albernen Kram, den Kinder eben lustig finden. Mach dich zum Deppen für sie! Das IST lustig!

Lächle dich im Spiegel an, wenn du sowieso schon davor stehst. Aber bitte kein gekünsteltes Lächeln, sondern ein Lächeln, weil du es bist. Weil du cool bist. Weil du gute Laune haben willst und auch kannst!

Die
GLÜCKSKICK-Technik

Erinnerst du dich noch an das kribbelige Glücksgefühl im Bauch, das du in deiner Kindheit beim
Schaukeln empfunden hast? Vielleicht kennst du es
heute noch, wenn du zum Beispiel gerne Achterbahn
fährst. Versuche mal, dieses kleine Kribbeln im
Bauch, das sich über den ganzen Körper ausbreitet,
wenn du es zulässt, einfach so heraufzubeschwören.

*Spanne deine untere Bauchmuskulatur an
und denke gleichzeitig an etwas, das dich
wirklich glücklich macht. Lächle und versuche,
das Kribbeln zu spüren und durch deine
Glieder fahren zu lassen.*

*Wenn du diese Technik beherrschst, kannst
du jederzeit einen kleinen Glücks-Adrenalin-
kick auslösen.*

MOOD-Booster
gegen schlechte Laune

Wenn du merkst, dass du einen schlechten Tag hast, kannst du ihn mit folgenden Maßnahmen retten:

Erstelle dir eine Playlist mit Songs, die richtig gute Laune machen. Höre sie an und wenn du kannst: tanze!

Streichle ein Tier, das beruhigt ungemein.

Denke an wirklich gute Erinnerungen.

Reagiere dich mit Sport ab. Wenn du daran Spaß hast, wird sich deine Laune auf jeden Fall heben!

Plane etwas, worauf du dich wirklich freust.

Rufe einen Freund an, von dem du weißt, dass er dir gute Laune zaubern kann.

Beschäftige dich mit einem Thema, in das du gerne eintauchst.

Hilf jemandem, danach fühlst du dich auf jeden Fall gut.

Tue etwas Produktives im Haushalt, danach fühlst du dich besser.

ACHTSAMKEIT

Sieh die Welt
mit Kinderaugen

Weißt du noch, wie es war, als du klein warst und die Welt noch ein riesiger Ort, den es zu entdecken galt? Als du mit großen Augen durch diese Welt gegangen bist und Dinge zum ersten Mal gesehen und erlebt hast?

Diese Offenheit und Begeisterung solltest du zurück in deinen Alltag holen. Höre auf, deine Umwelt permanent auszublenden, nur weil du sie schon kennst. Es gibt jeden Tag so viel Neues zu entdecken!

Beginne, dich wieder umzusehen und deine Umwelt wirklich wahrzunehmen, mit all ihren kleinen Details und ihrer Verspieltheit.

Lasse dich inspirieren und faszinieren von der Welt, die dich umgibt. Das wird ein besonderes Glücksgefühl auslösen und zu vielen neuen Ideen führen. Wenn du eine Blockade hast, ist dieser Trick besonders effektiv. Verlasse mal für einen Moment die ausgetretenen Pfade und lege die Scheuklappen ab. Entdecke eine neue Welt, an der du täglich vorbeigelaufen bist und lasse dich wieder neu auf deine Situation ein.

Aufgabe: *Wenn du in deinen Heimatort fährst – egal, ob du lange nicht mehr dort warst oder einfach nur von der Arbeit kommst – tue so, als würdest du gerade alles zum ersten Mal sehen. Wenn du durch deine Stadt läufst, sieh dir die Häuser an, die Menschen, die Läden und die Bäume, als wärst du gerade an einem Urlaubsort angekommen, an dem du noch nie zuvor warst. Bekomme einen neuen Blick für deine alte Umgebung. Beginne, Dinge zu entdecken.*

Neue CHANCEN
durch Veränderung

Der Mensch ist nun mal ein Gewohnheitstier. Gewohnheit gibt Sicherheit, Neues macht Angst. Gewohnheit schränkt aber auch ein. Deshalb: Begrüße Veränderungen, statt sie abzulehnen! Siehe jede Veränderung als ein neues, mögliches Abenteuer. Gehe positiv in neue Situationen hinein und frage dich: „Was ist für mich drin? Was kann ich hier rausholen und mitnehmen?"

> *Bleibe immer offen für neue Erfahrungen, denn du weißt nie, wie sehr sie dich weiterbringen können! Denke an den Schmetterlingseffekt (siehe Seite 230). Überlege mal, wie viele tolle Dinge nur über mehrere Zufälle in dein Leben kamen!*

> *Neue Situationen öffnen immer neue Türen im Leben. Und hinter jeder Tür könnte ein unverhoffter Schatz liegen.*

> *Du hast die Macht über deine Gedanken. Ob du etwas positiv oder negativ sehen willst, entscheidest nur du selbst.*

ERFOLG ist nicht
gleich Erfüllung

Erfolg zu haben, bedeutet, dass etwas erfolgt ist, was du dir gewünscht hast. Deiner Handlung folgte eine Konsequenz. Wenn du ein Ziel, das du dir gesetzt hast, erreichst, hast du ein Erfolgserlebnis.

Erfüllung aber bedeutet, in etwas aufzugehen. Erfüllung kannst du jederzeit finden, nicht nur in deinen Erfolgen, sondern auch auf dem Weg dorthin und zwischendurch.

> *Erfüllung entsteht vor allem dann, wenn du etwas geben kannst. Wenn du darin aufgehen kannst, einen Beitrag zu leisten. Einen Beitrag zum Wohl der Welt oder zum Wohl eines anderen Menschen oder einer Sache, an die du glaubst.*

> *Die größte Erfüllung empfindest du, wenn du liebst. Wenn du einen Menschen liebst, aber auch, wenn du liebst, was du tust. Du kannst dich auch in den Moment verlieben. Wenn du im Flow bist oder wenn du einfach gerade etwas Wunderschönes erlebst. Du kannst dich in die Natur verlieben. Du kannst dich in einen Song oder ein Outfit verlieben und davon erfüllt sein.*

> *Verliebe dich in das, was du siehst und tue, was du liebst. Finde einen Beitrag, den du von Herzen gerne leisten willst. Es gibt keinen Weg, um Erfüllung zu erreichen, denn Erfüllung IST der Weg.*

Eine Technik
für echte Erfüllung

Dies ist eine Übung, die dich wirklich nachhaltig mit einem tiefen Gefühl von innerem Glück erfüllt, eine Technik, die du jederzeit anwenden kannst und die kein anderer mitbekommt. Du hast mehrere Möglichkeiten, sie einzusetzen: entweder mitten im Alltag oder in einem ruhigen Moment, abends im Bett zum Beispiel.

> *Nimm dir fünf Sekunden Zeit und wähle irgendeine Person aus. Das kann ein wichtiger Mensch sein, aber auch ein Kollege, ein alter Freund aus der Vergangenheit oder die alte Dame, die dir gerade im Bus gegenübersitzt.*

> *Versuche, immer wieder andere Menschen zu wählen. Denke auch an die Menschen, mit denen du schon lange nichts mehr zu tun hast und wünsche ihnen, dass es ihnen gut geht.*

> *Schließe kurz die Augen, visualisiere diesen Menschen und sage dann in Gedanken: „Ich wünsche mir, dass es dir gut geht." Meine es auch mit ganzem Herzen!*

> *Das dauert nur wenige Sekunden und niemand außer dir weiß davon, aber wenn du das einige Male machst, wirst du plötzlich, einfach so und mitten in deinem Alltag, eine tiefe Erfüllung fühlen.*

Diesen Trick habe ich von dem US-amerikanischen Autor Tim Ferriss gelernt, ihn ausprobiert und war begeistert von seiner Wirkung. Du tust etwas völlig Uneigennütziges und es hat keine direkten Konsequenzen, aber es erfüllt dich mit Glück.

Praktiziere
gesunden OPTIMISMUS

Erwarte immer von dir selbst, dass du alles schaffen kannst. Dass du es gut machst. Denn deine Erwartungen werden sich in den meisten Fällen erfüllen – ob du nun an dich glaubst oder Schlimmes befürchtest.

Und wenn etwas schiefgehen sollte: Was kann schon passieren? Wie tief kannst du wirklich fallen, wenn dieses Ding gerade mal nicht läuft? Und was bringt es dir, wenn du deine Energie zerstörst, indem du dich schon vorher verrückt machst?

Angenommen, du willst einen Vortrag halten. Wenn du optimistisch bist und erwartest, dass es ganz gut laufen wird, dann wirst du selbstsicher auftreten und kompetent sein. Und selbst, wenn du dann doch mal ins Schleudern gerätst, ist es halb so wild, denn du bist ja trotzdem sehr sicher aufgetreten und hast deine Sache gut gemacht. Dein kleiner Fehler wird zu einer Nebensache in einem ansonsten sehr gelungenen Vortrag.

Machst du dich aber schon vorher total verrückt und weißt genau, dass du dich versprechen wirst und dir sicher irgendetwas Peinliches passieren wird, dann wirst du diese Unsicherheit auch ausstrahlen. Was wiederum dazu führt, dass sich deine Befürchtungen aller Wahrscheinlichkeit nach erfüllen werden.

Sehr viele Menschen machen genau diesen Fehler immer wieder und zerstören sich so viele wertvolle Erlebnisse und Erfahrungen.

FREUE Dich
über schöne Zufälle

Schöne Dinge passieren oft zufällig nebenbei, aber häufig würdigen wir diese schönen Winke des Schicksals gar nicht wirklich. Hast du schon mal Geld in einen Automaten werfen wollen und dann festgestellt, dass noch etwas Geld drin lag? Oder warst du schon einmal zu spät dran und hättest deine Bahn verpasst, aber sie hatte ebenfalls Verspätung?

Achte auf diese Zufälle und beginne sie zu würdigen. Gehe mit offenen Augen durch die Welt, das wird erfahrungsgemäß dazu führen, dass du noch mehr solche schönen Zufälle anziehst.

Wenn du einen Blick für die schönen Zufälle des Lebens entwickelst, dann hast du das Gefühl, als würde dein Leben einfach einem roten Faden folgen und als sei dein Weg gespickt mit vielen kleinen Extras, nur für dich. Das ist ein geniales Gefühl!

Gib etwas
zurück

Echte Erfüllung hängt eng mit dem Geben zusammen.
Das bedeutet, dass du glücklicher wirst, je mehr du andere
glücklich machen kannst. Egal, ob du dein Wissen teilst
oder tatsächlich Geschenke machst oder spendest:
Das macht dich nachhaltig glücklich!

Du kannst dein Wissen und deine Erfahrungen weitergeben, indem du anderen etwas erklärst, bei Aufgaben hilfst oder darüber schreibst. Das beste Marketing, das du betreiben kannst, ist übrigens, dein Wissen gratis zu teilen!

Geschenke kannst du nicht nur zu bestimmten Anlässen machen. Wenn du etwas siehst oder eine Idee hast, über die sich jemand freuen würde, dann setze sie um oder kaufe diese Kleinigkeit und verschenke sie!

Wenn du ein gutes Buch gelesen hast, schenke es jemandem, den es auch interessiert. Bringe einfach mal eine Kleinigkeit zum Essen für deine Kollegen mit!

GEBEN macht
glücklicher als Nehmen

Wenn du eine Organisation oder ein Projekt gut findest, dann unterstütze es! Spende anonym etwas Geld an ein Tierheim oder sieh dich im Internet nach Projekten um, die du wirklich gerne unterstützen willst.

Schreibe kleine Nachrichten für deinen Partner oder deine Familie, die sie lesen können, wenn du nicht da bist. Sage deinen Lieben, was sie dir bedeuten.

Sei zuvorkommend im Alltag: Halte dem Nächsten die Tür auf, erkläre jemandem den Weg, lächle fremde Menschen einfach öfter an.

Praktiziere einen „Random Act of Kindness". Lasse dich dafür im Internet inspirieren.

Mache einfach regelmäßig anderen eine Freude – und das Vergnügen wird ganz auf deiner Seite sein!

Diese Hacks will ich mir unbedingt merken!

- Nicht über Vergangenheit + Zukunft nachdenken, sondern im Jetzt leben.
- Beim Musik hören tanzen :)
- Mit Sport abreagieren
- Freunde öfter anrufen
- Etwas Produktives im Alltag erledigen
- Gehe Veränderung positiv an als Abenteuer
- Denkst du unsicher, strahlst du auch Unsicherheit aus
- Freue dich über kleine Zufälle
- Random Act of kindness?
- Regelmäßig Anderen eine Freude machen

Mindhacks

MOTIVATION

Leidest du immer wieder an Aufschieberitis? Kannst du dich schlecht auf die Dinge konzentrieren, die gerade wichtig sind? Fehlt dir der nötige Antrieb, um deinen Zielen näherzukommen?

Das Aufschieben ist ein natürlicher, innerer Konflikt, mit dem jeder zu kämpfen hat. Da ist die eine Seite deines Unterbewusstseins, die gerne unangenehme Dinge oder Herausforderungen vermeidet – auch liebevoll „Schweinehund" genannt. Im Gegensatz dazu steht eine andere Seite: das Pflichtbewusstsein und das Wissen, dass es für dich von Vorteil wäre, wenn du diese Aufgabe jetzt angehen würdest.

Der innere Konflikt zwischen diesen beiden führt zu dem schlechten Gefühl, das entsteht, wenn du Dinge vor dir herschiebst. Damit dir das nicht mehr passiert, widmen wir uns jetzt deiner mentalen Energie.

Trainiere
deine DISZIPLIN

Der ewige Kampf gegen den inneren Schweinehund ist kräftezehrend. Denn es kostet dich häufig viel mehr Energie, eine Aufgabe aufzuschieben, als sie einfach umzusetzen. Ein typisches Beispiel dafür ist ein Telefonat, das du unbedingt noch erledigen musst – aber du kannst dich einfach nicht dazu durchringen. Es ist zwar in deinem Hinterkopf, aber du findest auch immer wieder Gründe, warum es gerade nicht passt. So wird aus dieser einfachen Aufgabe eine riesige Hürde.

Würdest du tatsächlich einfach anrufen, hätte sich das Problem innerhalb von wenigen Minuten erledigt. Und als Zugabe bekämst du sogar noch positive Energie obendrauf, weil du etwas geschafft hast.

> Das Schlimme am Aufschieben ist nicht nur, dass du nichts geregelt bekommst, sondern auch, dass du dich selbst demotivierst, weil du es nicht schaffst. Ganz schnell kommen dann Gedanken wie „Ich schaffe das nicht, ich bin zu faul/schwach/blöd…". Diese negativen Gedanken ziehen dich noch mehr runter. So entsteht eine sich selbst erfüllende Prophezeiung.

> Disziplin ist ein Muskel, den du trainieren musst. Je häufiger du kleine Aufgaben einfach sofort erledigst, desto leichter wird es dir fallen.

DO
it NOW!

Listen schreiben ist im Prinzip eine feine Sache.
Aber für alles, was sich in weniger als zehn Minuten
erledigen lässt, kostet das vorherige Aufschreiben
viel zu viel Zeit und Energie.

> *Sammle nicht zu viele kleine Aufgaben in
> deiner To-do-Liste, denn sonst wächst diese
> unaufhörlich und du fühlst dich total
> erschlagen.*

> *Eine sich ständig verlängernde To-do-Liste
> voller kleiner Aufgaben wirkt sich negativ
> auf deine Motivation aus und du bekommst
> gar nichts mehr geregelt.*

Aufgabe: *Erledige ab
heute eine Woche lang
alles, was in weniger
als zehn Minuten
machbar ist, sofort!*

Der
FÜNF-MINUTEN-Hack

Du kannst deinen Drang zum Aufschieben auch hacken, indem du dir vornimmst, nur fünf Minuten an dieser Aufgabe zu arbeiten. Fünf Minuten sind wirklich machbar, oder?

Stelle dir einfach einen Wecker und widme dich nur fünf Minuten lang dem, was du vor dir herschieben willst.

Das Schöne ist, dass du nach fünf Minuten meistens schon so sehr in dieser Aufgabe drin bist, dass du sie einfach gleich erledigst. Falls nicht, dann hast du immerhin schon einen Teil geschafft und der Berg ist zum Hügel geschrumpft. Dann gehst du in einer Stunde wieder für fünf Minuten an die Aufgabe.

Ist die Fünf-Minuten-Taktik nicht anwendbar, kannst du sie auch abwandeln:

- *Wenn du einen ganzen Raum aufzuräumen hast, kannst du dir nur eine Schublade vornehmen.*

- *Wenn du Sport machen willst, machst du zunächst nur eine Übung. Hauptsache, du fängst überhaupt an, der Rest folgt meist von ganz alleine, denn die eigentliche Hürde war das Anfangen.*

Du findest sicher weitere Beispiele.

HALTE dich
an den Plan

Auch wenn es banal klingt: Erstelle für Aufgaben, die du immer wieder erledigen musst, eine Checkliste. Dann hast du eine Richtlinie, an der du dich orientieren kannst. Dieser Plan, der dir einfach nur sagt, welches dein nächster Schritt ist, wird dich motivieren!

Mit Hilfe deiner Checkliste kannst du eine Routine entwickeln. Es ist nämlich viel einfacher, Aufgaben Schritt für Schritt zu erledigen, als nur das große Paket vor sich zu sehen, auf das du natürlich wenig Lust hast.

Wenn Aufgaben regelmäßig anstehen, dann vergib fixe Termine für diese Aufgaben. Schreibe sie in die Kalender-App deines Smartphones und aktiviere eine Erinnerung. Und wenn der Termin kommt, dann setze ihn auch wie einen Termin um.

1, 2, 3...

ERKENNE
das
Aufschieben

Wenn du dich beim Aufschieben ertappst, stelle klar, dass du gerade etwas vermeidest. Sage dir selbst: „Okay, das ist Aufschieben. Ich drücke mich gerade davor, XY zu erledigen."

Selbsterkenntnis ist bekanntlich der erste Schritt zur Besserung. Wenn du zum dritten Mal denkst: „Jetzt schiebe ich ja schon wieder XY vor mir her!" wird es dir selbst zu blöd.

Höre auf, dich selbst auszutricksen. Sei ehrlich zu dir. Wenn du etwas nur tust, um etwas anderes nicht zu tun, dann kann das zwar auch etwas Sinnvolles sein. Genauso gut könntest du aber auch an deinem eigentlichen Projekt arbeiten!

Frage dich auch, warum du eigentlich eine Sache aufschiebst. Hast du einfach nur keine Lust? Hast du vor etwas Angst? Glaubst du, du bist noch nicht so weit?

Wenn du den eigentlichen Grund betrachtest, erscheint er dir vermutlich gar nicht mehr so bedeutend.

Plane Pausen
und denke
an die
ZUKUNFT

Pausen sind wichtig. Gegen das Aufschieben kann auch helfen, wenn du schon vorher Pausen einplanst. In dieser Pause kannst du dann einfach absolut sinnfreie Dinge tun. Wie wäre es damit: 20 Minuten Arbeit und anschließend zehn Minuten dieses Spiel auf deinem Smartphone spielen?

Stelle dir die Konsequenzen vor. Wie wird es sich auf dich auswirken, wenn du diese Aufgabe niemals angehst? Stelle dir auch vor, wie es aussehen wird, wenn du dich endlich überwindest und dein Projekt anpackst. Willst du Zukunft A oder B erleben?

Vielleicht stellst du auch fest, dass gar nicht so viel passieren kann, wenn du das Projekt nicht angehst. Wenn diese Aufgabe etwas ist, das dich nicht wirklich weiterbringt, dann streiche sie einfach von deiner Liste – und fertig.

Perfektionismus
ist
TÖDLICH

Verabschiede dich von Perfektionismus. Du musst nicht zuerst alles wissen und sammeln, was du für diese Aufgabe brauchst. Du brauchst diese Aufgabe nicht mit hundertprozentiger Perfektion zu erfüllen.

Lege einfach los! Du wirst überrascht sein, dass du viel weniger Aufwand betreiben musst, als du dachtest.

Wenn du vor einer Aufgabe stehst und denkst: „Ich muss erst noch dies und jenes", dann frage dich, ob du das wirklich unbedingt brauchst, um anzufangen.

Der wichtigste Schritt ist immer der erste. Komme direkt ins Handeln und tarne dein Aufschieben nicht mit unnötig kompliziertem Vorgehen! Man kann Projekte nämlich auch sehr gut zu Tode planen. Also fange einfach an und löse die Probleme, falls sie denn überhaupt entstehen, unterwegs!

Schwimme auf der WELLE
der Begeisterung

Wenn du eine Idee hast, die du umsetzen willst, dann schwimme möglichst sofort auf der anfänglichen Begeisterungswelle mit! Am Anfang hast du nämlich noch richtig Lust auf das Projekt. Je länger du wartest, desto weniger überzeugt wirst du von deiner Idee sein – bis du sie schließlich irgendwann nur noch als Belastung empfindest. Weil du nicht sofort losgelegt hast!

Verabschiede dich von deiner Angst davor, etwas zu machen, was noch nicht ganz perfekt ist. Perfektion kann nur das Ergebnis von Verbesserung und Lernen sein.

Lasse dich von deinem Perfektionismus auch nicht davon abhalten, Aufgaben an andere weiterzugeben!

Klar, du kannst das selbst am besten. Aber was bringt es dir, wenn du mit der Menge an Aufgaben, die du alle selbst tun willst, total überfordert bist? In den allermeisten Fällen ist es absolut okay, wenn du jemand anderen die Arbeit machen lässt und danach kurz kontrollierst, ob sie gut ist und vielleicht noch wenige kleine Verbesserungen vornimmst.

ÜBERZEUGE
deinen Schweinehund

Diesem Tierchen kannst du nicht mit dem Verstand kommen. Es versteht logische Argumente wie „Es wäre echt besser für meine Gesundheit, wenn ich das machen würde" einfach nicht.

Was der Schweinehund will, sind natürlich Leckerli! Überzeuge ihn mit einer fetten Belohnung, die winkt, wenn er kooperiert! Sage ihm, dass du auf dem Weg zu diesem Termin am Comicladen vorbeikommst und dort ein Heft kaufen kannst. Oder dass es sich richtig gut anfühlen wird, wenn du fünf Kilo abgenommen hast, weil du dann wieder in deine Lieblingshose passt.

Deinen Schweinehund überredest du am besten mit dem coolen Gefühl, das sich einstellen wird, wenn du deiner Aufgabe nachgekommen bist. Je emotionaler, desto wirkungsvoller! Er ist schließlich ein Hund, er versteht dich nicht, wenn du ihm einen vernünftigen Vortrag hältst. Aber er begreift es, wenn du ihm zeigst, welche Belohnung er bekommt oder welcher Strafe er entgeht.

Bitte
DRANBLEIBEN

Glückwunsch, du hast den Einstieg gefunden. Jetzt heißt es dranbleiben! Nutze unbedingt die anfängliche Vorfreude auf dein Projekt und komme direkt in die Umsetzung. Wie du auch danach deine Motivation aufrechterhalten kannst, klären wir jetzt:

> *Es ist nicht nur wichtig zu wissen, warum du das tust. Du solltest dich auch schon so richtig auf das Ergebnis freuen. Wo willst du damit hin? Wie wird es sich anfühlen, wenn du es geschafft hast? Welche guten Gefühle und Vorteile wird es dir bringen?*

> *Visualisiere dich in der Zukunft, nachdem du es geschafft hast. Stelle dir in schillernden Farben vor, wie wahnsinnig gut sich das anfühlen wird. Denke dich komplett in die Situation hinein. Was tust du dann? Wer freut sich mit dir? Was kannst du dir dann erlauben?*

Feiere
jeden SCHRITT

Halte dir genau vor Augen, welches Ergebnis du erwartest. Wenn du ein ganz konkretes Ziel hast, teile es in viele kleine Zwischenschritte ein. Plane für jede geschaffte Etappe eine Belohnung ein. Diese Beloh- nung ist ganz wichtig für deine Motivation! Diese lebt nämlich auch von direkten Erfolgserlebnissen. Das kannst du unterstützen, indem du jeden Schritt, den du wirklich gehst, würdigst.

Für eine kleine Belohnung musst du nicht viel aus- geben. Es könnte zum Beispiel ein Kinobesuch sein oder ein Buch, ein Album deiner Lieblingsband, eine Zeitschrift, die du gerne liest, ein Lebensmittel, das du dir nicht so oft gönnst oder einfach eine Runde Entspannung. Sei kreativ und schaffe dir kleine Belohnungen, auf die du dich wirklich freust!

Mit Belohnungen kannst du dich Tag für Tag für einen weiteren, kleinen Schritt motivieren. So wirst du auch an deinem Ziel die doppelte Freude haben: Du hast es geschafft und dich nebenbei noch be- schenkt. Genieße den Weg!

*Auf meiner Webseite **www.mind-hack.de** steht ein Plan zum Download bereit. Auf diesem Plan kannst du dein Ziel und alle deine Zwischenschritte eintragen und zu jedem Zwischenschritt eine Belohnung einplanen.*

Setze dir
täglich ZIELE

Setze dir am Abend ein bis drei kleine Zwischenschritte als Ziele für den nächsten Tag. Wähle bewusst auch die Dinge, die du lieber aufschieben würdest. Achte darauf, dass sie auch in der Zeit, die du aufbringen kannst, zu bewältigen sind.

Erledige diese Dinge immer so früh am Tag wie möglich. Schiebe sie nicht bis zum Abend vor dir her. Versuche, sie am besten als erstes am Morgen abzuhaken oder wenigstens, sobald du nach der Arbeit Zeit hast.

Morgens ist deine Entscheidungskraft noch nicht so verbraucht wie gegen Nachmittag, wenn du schon tausende Entscheidungen getroffen hast. Außerdem wirst du dich einfach sehr gut und produktiv fühlen, wenn du den Tag mit dem Wissen angehen kannst, dass du bereits die wichtigsten Punkte abgehakt hast.

So VERMEIDEST du
Durchhänger

Immer wenn ich einen kleinen Motivationsschub brauche, suche ich mir gezielt Hörbücher, Podcasts, Videos und Artikel zu dem Thema, an dem ich gerade arbeite. Die Beschäftigung mit dem Thema weckt mein Interesse wieder und ich habe neue Ideen, wie ich weiterkommen kann.

> *Wenn bei dir gerade die Luft etwas raus ist, schaue und höre dir alles an, was du zu deinem Thema findest! Das ist einer der besten Motivationstipps, den ich dir geben kann!*

> *Hörbücher und Podcasts zu deinem Thema kannst du außerdem auch anhören, wenn du gerade unterwegs bist, beim Einkaufen zum Beispiel. Dann kommst du schon mit einem Haufen Motivation nach Hause und kannst direkt loslegen!*

Lasse
dich MITREISSEN

Wollte ich als Kind mein Zimmer aufräumen, hat es mich ungemein motiviert, wenn ich im Fernsehen die Serie „Die Putzteufel" gesehen habe. Wenn ich heute an einem Projekt arbeiten will, sehe ich mir immer noch Videos an, in denen Menschen genau das tun. Will ich mich zum Sport motivieren, schaue ich eine Sendung zum Thema Abnehmen an. Probiere es einfach mal aus!

Ein weiterer Motivationsbooster sind ungewöhnliche Erfolgsstorys von Menschen, die das, was du planst, wahnsinnig schnell oder sehr erfolgreich in die Tat umgesetzt haben. Allein schon die Tatsache, dass es möglich ist, richtig viel zu reißen, wenn man sich reinhängt, spornt extrem an, das nachzumachen.

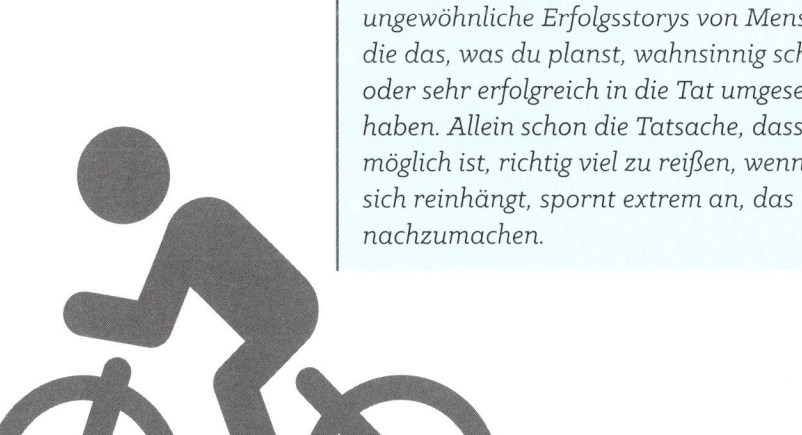

FORDERE
dich heraus

Versuche nicht nur, irgendetwas zu schaffen, sondern setze dir gewagte Ziele, um dich zu motivieren. Für dieses Buch hatte ich mir zum Ziel gesetzt, täglich 5.000 Wörter zu schreiben. Meine Ausbildung wollte ich nicht irgendwie abschließen, sondern mit einem Einserschnitt. Das habe ich geschafft.

> *Setze dir Ziele, die so groß sind, dass du dich wirklich herausgefordert fühlst. Das hat zum einen den Vorteil, dass es wahnsinnig motivierend ist und du viel bessere Chancen hast, dranzubleiben. Zum anderen wirst du herausragende Ergebnisse erzielen, weil es genau das ist, worauf du wirklich Lust hast.*

Sei bereit für deine
erste CHALLENGE

Mögliche Ausgangspunkte können sein:

- Schaffst du das in 30 Minuten/
  einem Tag/einem Monat?
- Schaffst du 100/1000 Stück?
- Schaffst du das beste Ergebnis?
- Kannst du das besser als XY?

Überlege dir eine Challenge, die es in sich hat und sporne damit deinen Kampfgeist an.

Aber Achtung: Überfordere dich damit nicht völlig! Wenn das für dich den gegenteiligen Effekt hat, dann lasse es bleiben. Und mache dich nicht fertig, wenn du dein Monsterziel nicht erfüllen kannst. Auch dann hast du mit Sicherheit ein besseres Ergebnis erzielt als ohne diese Challenge. Feiere dich dafür!

ZIELE-Buddys
und Erfolgslisten

Gute Freunde ticken oft ähnlich wie wir selbst. Wette mit einem von ihnen, dass du an Tag X Projekt X geschafft hast. Vielleicht hat deine Freundin oder dein Freund auch ein Ziel, mit dem sie/er dagegenhalten kann. Macht eine „Strafe" aus, wenn ihr es nicht geschafft habt. Zum Beispiel könnte der Verlierer (falls es einen gibt) dem anderen ein Essen ausgeben.

Der Konkurrenzkampf wird dich noch mehr anheizen und du wirst auf keinen Fall verlieren wollen. Eine Challenge unter Freunden ist auf jeden Fall sehr motivierend und macht dazu noch Spaß.

Immer, wenn du einen kleinen Schritt in Richtung deines Zieles gegangen bist, kannst du diesen auf einer besonderen Liste für deine Erfolge vermerken. So führst du dir immer wieder vor Augen, was du schon alles geschafft hast und schöpfst daraus neue Motivation.

Du kannst deinen Fortschritt auch mithilfe einer App dokumentieren. Es ist immer wieder schön zu sehen, wie viel du schon geschafft hast! Mache dir regelmäßig deutlich, dass du nicht mehr davorstehst, sondern schon mittendrin bist.

NEVER
fail twice

Du hattest gestern einfach keine Zeit, das kann vorkommen.
Dafür musst du heute unbedingt weitermachen! Lasse auf keinen
Fall zu, dass es zur Gewohnheit wird. Lässt du die Arbeit an deinem
Ziel zweimal hintereinander ausfallen, ist deine Hemmschwelle
weg und du wirst es auch in Zukunft nicht mehr so ernst nehmen.
Mache dir dein Verantwortungsgefühl nicht kaputt!

Wenn du dich überwinden kannst, nicht aufzugeben, wächst du daran. Du stärkst deine Disziplin. Und du nimmst daraus die Erfahrung mit, dass du nicht so einfach aufgibst und alles schaffen kannst – auch, wenn es mal etwas schwieriger wird.

Es bringt nichts, wenn du immer wieder versuchst, gegen dich anzugehen. Du wirst keinen Spaß daran haben und es nicht lange durchhalten. Setze dir ein Limit oder stelle einen Wecker und nimm dir ganz bewusst Zeit für etwas, was dir gerade Spaß macht.

Alles, was du tust, sollst du für dich tun. Nicht gegen dich. Möchtest du etwas durchziehen, dann ziehe es durch. Aber verbiete dir nicht alles. Dein Leben zu verändern soll Freude machen! Wenn du gesund essen willst, aber Lust auf Schokolade hast, dann gönne sie dir! Genieße sie, aber übertreibe es nicht.

Das ist kein Freifahrtschein, um alles direkt wieder hinzuwerfen: im Gegenteil! Sich bewusst den Luxus zu gönnen, den du gerade brauchst, stärkt dich und du kannst langfristig an deinem Ziel dranbleiben. Es ist dein Leben. Lebe, so viel du kannst!

Diese Hacks will ich mir unbedingt merken!

> Mit Julian Comedians suchen
> Mit Freunden telefonieren, die ich nicht oft sehe.
> Lächle dich im Spiegel an
> Aufg. die innerhalb u. 10 Min erledigt sind kommen gar nicht erst auf die To-do-Liste
> Checkliste für die tägl. Routine erstellen
> Delegiere Aufg.!
> Schwimme auf der anfänglichen Begeisterungswelle
> Setze dir abends 3 Ziele für den nächsten Tag
   > Schaue Dokus + höre Podcasts zu den Thema, das dich momentan interessiert/beschäftigt

Mindhacks

ORGANISATION

Was, wenn du zwar motiviert bist, deine Ziele anzugehen, dich aber nicht darauf konzentrieren kannst?

In diesem Kapitel geht es um deine Organisation und darum, wie du besser fokussiert an deine Aufgaben herangehen kannst, ohne ständig abgelenkt zu werden.

Räume alle Störfaktoren
aus dem WEG

Wenn du ständig von allen möglichen Dingen abgelenkt wirst, leidet darunter deine Konzentration ganz gewaltig. Also schalte möglichst alle Störfaktoren aus.

Wirst du immer wieder von Benachrichtigungen aus dem Konzept gerissen, dann blockiere diese Nachrichten oder gehe einfach offline. Das gleiche gilt für Anrufe und aufblinkende Neuigkeiten an deinem PC, wenn du arbeitest. Schließe dich in dein Zimmer ein und erkläre, dass du jetzt konzentriert arbeiten willst.

Das bezieht sich nicht nur auf störende Nachrichten, sondern auch auf deinen Arbeitsplatz. Räume das Zimmer, in dem du dich konzentrieren willst und deinen Schreibtisch auf! Jeder Gegenstand, auf den dein Blick fällt, ist eine potenzielle Ablenkung. Besonders gravierend sind andere angefangene Projekte oder Dinge, die du noch bearbeiten musst. Auch wenn es dir nicht bewusst ist, strahlen sie ein Gefühl von „Ich müsste ja auch noch…" aus. Das frisst deine Konzentration auf.

Ein aufgeräumter Arbeitsplatz hat außerdem den Vorteil, dass du alles sofort findest und nicht lange suchen musst. So wird dein Fokus auch nicht durch unnötige Suchaktionen abgelenkt.

EINFACH *mal* AUFSTEHEN

Wenn du festhängst und merkst, dass du nicht mehr so bei der Sache bist, stehe einfach kurz auf und gehe ein paar Schritte durch den Raum.

Zusätzlich nimmst du dich aus der Situation heraus, in der du hängen bleibst und wechselst die Perspektive. So kannst du Denkblockaden aktiv vermeiden.

Das hat den Hintergrund, dass die Blutzufuhr zum Gehirn einfach viel besser funktioniert, wenn du stehst oder in Bewegung bist. Du kannst sehr schnell viel klarer denken, wenn du gehst.

181

PLANE
regelmäßig
eine PAUSE ein

Nutze die Pomodoro-Technik. Diese Zeitmanagement-Methode hat der Italiener Francesco Cirillo entwickelt. Sie beruht auf der Erkenntnis, dass häufige Pausen gut für die Konzentration sind.

Arbeite 25 Minuten ganz fokussiert. Mache anschließend fünf Minuten Pause und schalte dein Hirn aus. Nach vier Runden machst du eine längere Pause (15 – 20 Minuten).

Der Trick hierbei ist, dass du viel intensiver beim Thema bleiben kannst, wenn du weißt, dass du in ein paar Minuten sowieso wieder eine Pause einlegen wirst, in der du tun kannst, was du willst.

Es empfiehlt sich, in den kleinen Pausen kurz aufzustehen, vielleicht rauszugehen oder dich vor das offene Fenster zu stellen. Ebenso helfen Bewegung und das Trinken von Wasser oder einer Tasse Tee dabei, dich in den kurzen Arbeitszeiten richtig gut konzentrieren zu können.

Notiere
ALLES

Alle Gedanken, die dir zwischendurch kommen,
aber gerade nichts mit deinem Projekt zu tun haben,
solltest du sofort aufschreiben.

*Erstens vergisst du auf diese Weise keine Ideen wieder
und zweitens ist es raus aus deinem Kopf. Wenn es sich
um eine gute Idee oder einen Termin handelt, wirst
du diesen Gedanken nämlich nicht so schnell loswerden – er schwirrt die ganze Zeit durch deinen Hinterkopf und will deine Aufmerksamkeit.*

*Lege dir für alle möglichen Bereiche verschiedene Arten
von Listen an. Mit einem Programm wie Evernote
kannst du diese Listen über die Suchfunktion sehr leicht
wiederfinden und endest nicht in einem Zettelchaos.
Erstelle To-do-Listen und Swipefiles* für alle Einfälle
und Ideen zu allen Themen, die dich beschäftigen.*

*Auch wenn du zwischendurch auf andere, interessante
Themen stößt, zum Beispiel Artikel, die du gerne lesen
willst, dann speichere diese Dinge in einem Ordner,
um sie später zu lesen oder anzusehen. Zur Not öffne
einfach ein Dokument und kopiere den Link hinein.*

*Ein Swipefile ist eine Sammlung von Ideen und Anregungen.

Nutze
den FLOW

Flow bezeichnet das Gefühl, wenn es einfach läuft. Wenn du etwas angefangen hast und merkst, dass du so richtig drin bist und eine zu erledigende Aufgabe fast wie von selbst geschieht. Wenn eine grüne Welle entsteht und du ganz automatisch weiterkommst.

Vielleicht kennst du das: Du tust etwas wirklich gerne, vergisst dabei komplett die Zeit und stellst hinterher fest, dass du richtig viel geschafft hast. Kindern geht es oft beim Spielen so, sie vergessen die Welt um sich herum und versinken ganz in ihrem Tun.

Das Gefühl des Flows ist der perfekte Zustand beim Ausüben einer Tätigkeit. Wenn du erst einmal losgelegt hast und ein kleiner Teil in deinem Leben sich verändert hat, wird dir das wahnsinnig viel Motivation verleihen. Du wirst sehen, dass es immer leichter wird. Du wirst diese Motivation für weitere und größere Veränderungen nutzen können.

SURFE
auf der
grünen Welle

Die eine positive Veränderung schafft Energie, Platz und Motivation für die nächste und so weiter. Je mehr du in Fahrt kommst, desto leichter wird es dir fallen und desto glücklicher wirst du sein.

Nutze den Flow, springe auf dein Brett auf und lasse dich weiter in die richtige Richtung treiben. Wenn du etwas veränderst, wird es am Anfang ungewohnt und vielleicht schwierig sein. Wenn du diese Veränderung aber zur Normalität, zu einer Gewohnheit werden lässt, läuft sie irgendwann ganz automatisch und gibt dir mehr Kraft, als du einsetzen musstest, um sie anzuschieben.

Du hast eine richtig gute Welle erwischt. Nutze den Schwung, diese Kraft für die nächste Veränderung, bis auch diese automatisch abläuft und dich keine zusätzliche Energie und Willensstärke mehr kostet. Dann nimmst du die Nächste in Angriff.

So kommst du bei PROJEKTEN
in den Flow

Eliminiere alle Störfaktoren.

Habe ein genaues Ziel vor Augen.

Gliedere deine Aufgabe in Happen, die leichter zu bewältigen sind.

Bündele ähnliche Tätigkeiten. Fange nicht immer wieder neu an, dich in etwas einzuarbeiten.

Setze dir ein Zeitlimit für Recherchen.

Versuche es mit einer Challenge.

Verschiebe alle Aufgaben, für die du die Hilfe anderer brauchst oder zuerst recherchieren musst, auf später. Mache dir Notizen dazu.

Lasse dich vom Flow mitreißen.

Freue dich innerlich darüber, was du gerade schaffst.

Arbeite
GEGEN die Zeit

Wenn du wirklich fokussiert an einer Aufgabe arbeiten willst,
versuche es mal mit einem Countdown!

*Suche eine entsprechende App auf deinem
Smartphone oder Tablet und lege mit ihrer Hilfe
einen Zeitrahmen fest, den du nicht überschrei-
ten willst. Stelle zum Beispiel 30 Minuten ein und
lasse den Countdown ablaufen. Du kannst
natürlich auch einen Küchenwecker benutzen!*

*Achte darauf, dass der Bildschirm zwischendrin
nicht in den Ruhemodus geht, sodass du deine
Zeit immer im Blick hast. Versuche nun, so viel
wie möglich in dieser Zeit zu schaffen.*

*Nimm dir fest vor, dass du wirklich
nach Ablauf dieser Zeit aufhörst und
somit fertig sein musst.*

Mache dir Gewohnheiten
zum FREUND

Wo wir gerade von Flow sprechen: Gewohnheiten schaffen einen Automatismus in deinem Leben, der dich keine Willensstärke und Disziplin mehr kostet.
Jede einzelne Entscheidung, die wir am Tag treffen (und das sind unglaublich viele!), kostet uns Energie. Energie ist aber begrenzt und irgendwann aufgebraucht. Dann macht entweder dein Körper schlapp oder dein Kopf spielt nicht mehr mit. Damit dir deine Energie für die wirklich wichtigen Dinge im Leben zur Verfügung steht, lohnt es sich, Gewohnheiten zu programmieren.

Das einzige, was du dafür tun musst: Führe das, was deine neue Gewohnheit werden soll, zwei Monate lang jeden einzelnen Tag aus. Jeden Tag, auch am Wochenende. Nach etwa 60 Tagen sollte die Tätigkeit dann ein Selbstläufer sein. Sie wird dich keine Entscheidung mehr kosten.

Versuche bei allem, was du dauerhaft tun willst, genau dieses Prinzip anzuwenden. Du übst diese eine Sache einfach jeden Tag aus. So, wie du dich vermutlich nicht jeden Abend fragst: „Putze ich mir jetzt noch die Zähne oder esse ich lieber einen Schokoriegel vor dem Schlafengehen?" wirst du auch deine neuen Gewohnheiten nicht mehr in Frage stellen. Du machst sie einfach ganz automatisch, ohne Energie oder einen Gedanken daran zu verschwenden.

Schritt
für Schritt

Wenn du dein Leben wirklich ändern willst, ist es entscheidend, dass du dich nicht überforderst. Und glaube mir, das tust du, wenn du versuchst, fünf Dinge gleichzeitig zu verändern. Nicht heute, vielleicht auch nicht morgen – aber es wird der Punkt kommen, an dem du einfach keine Willensstärke oder keine Motivation mehr übrig hast, um sie in fünf verschiedene Dinge zu pumpen.

Wenn etwas neu ist, hast du Lust, richtig durchzustarten. Das ist ganz normal. Trotzdem lohnt es sich nicht, mehrere Projekte gleichzeitig zu starten. Konzentriere dich lieber nur auf ein einziges, denn die anfängliche Euphorie hält meist nicht lange an.

Fange mit einer Veränderung an. Nur, wenn du dich mit dieser Veränderung sicher fühlst, nimmst du die nächste dazu. Wenn du merkst, dass du dich überfordert fühlst und auch nur einmal in alte Verhaltensmuster zurückfällst, dann gehe einen Schritt zurück und mache langsamer.

So, wie du beim Sport deine Muskeln langsam aufbaust und an mehr Bewegung gewöhnen musst, solltest du auch deiner Willenskraft und deiner Energie die Möglichkeit geben, sich auf Veränderungen langsam einzustellen.

ERKENNE
und *eliminiere…*

Wenn du konzentriert arbeiten willst, musst du deine persönlichen Störfaktoren und Fallstricke erkennen und ausschalten.

*Du hast kein klares Ziel und
keine Zwischenschritte geplant.
Auf diese Weise weißt du nie so
richtig, wie es eigentlich weiter-
gehen soll.*

*Du machst zu viel gleichzeitig
und fängst bei allen Aufgaben
immer wieder von vorne an,
deine Konzentration darauf
zu richten.*

*Du hast keinen Zeitrahmen
festgelegt und verzettelst dich
total. Denke daran, dass sich
deine Aufgaben immer so weit
ausdehnen, wie du dir Zeit
dafür gibst.*

*Du hast deine Aufgabe nicht
zur Priorität gemacht und lässt
immer wieder zu, dass etwas
anderes dazwischenkommt.*

*Du bist permanent erreichbar
und lässt dich ständig von
Nachrichten, Anrufen und
anderen Menschen ablenken.*

... *was deine Produktivität*
AUSBREMST

Du lässt dich von anderen Themen mitreißen, fängst an, im Internet oder auf Social Media zu surfen oder siehst nebenbei fern.

Du hast zu viele Verpflichtungen angenommen, die dir keine Zeit für deine eigenen Ziele lassen.

Du hast keine klare Struktur und musst immer wieder erst nach Dingen suchen.

Tipp: Mache deine Notizen digital und nutze für Dokumente am PC die Suchfunktion.

Du vergisst deine guten Ideen wieder.

Tipp: Schreibe alle Ideen, die dir kommen, sofort auf! Lege ein Swipefile für verschiedene Themen an, in das du alle Dinge, die dir einfallen und begegnen, einfach reinschreiben kannst.

Diese Hacks will ich mir unbedingt merken!

> Pomodoro-Technik:

4x { 25 Min konzentriert arbeiten
    { 5 Min Pause

dann 15-20 Min Pause

> Willst du eine neue Gewohnheit in
  den Tagesablauf gewöhnen, tu diese
  jeden Tag für 2 Monate lang

> Nur 1 Veränderung nach der
  anderen

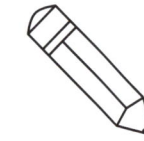

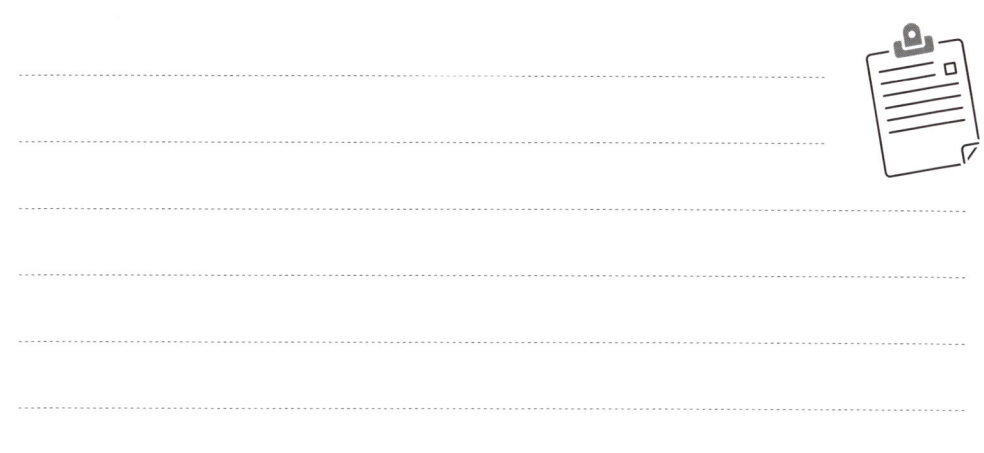

Mindhacks

ZIELE

Du hast zwar ein Ziel, siehst aber vor lauter Bäumen den Wald nicht mehr? Du möchtest sogar an mehreren Zielen arbeiten? Dann brauchst du einen richtigen Plan.

Wie du den großen, überwältigenden Brocken, den du vor dir siehst, in viele kleine, machbare Aufgabenschritte umwandelst, erfährst du auf den folgenden Seiten.

Formuliere
die RICHTIGEN
Fragen

Stelle dir folgende Fragen:

Wenn du mit deiner Idee Geld verdienen willst, stelle dir außerdem diese Fragen:

- *Wie sieht der erste Schritt aus, den ich heute noch gehen kann?*

- *Wen muss ich kontaktieren?*

- *Wer kann mir helfen?*

- *Was muss ich dafür besorgen?*

- *Welches Problem löse ich?*

- *Wer ist mein optimaler Kunde?*

- *Wie kann ich meine Idee testen?*

Setze deinen Plan
SOFORT
in die Tat um

Aufgabe: *Erstelle jetzt einen Plan, wie du vorgehen wirst. Umreiße dein Projekt grob und bringe die einzelnen Schritte in eine sinnvolle Reihenfolge. Beginne sofort mit dem ersten Schritt!*

Je länger du mit der Umsetzung wartest, desto unwahrscheinlicher wird es, dass du dieses Ziel jemals erreichst. Du wirst es aus den Augen verlieren oder deine Motivation wird schwinden, wenn du nicht auf der Welle der frisch entflammten Leidenschaft mitschwimmst.

Wenn du jetzt keinen konkreten Schritt umsetzen kannst, versuche es so:

Kaufe ein Buch oder einen Onlinekurs, in dem beschrieben wird, was du tun musst und arbeite damit. Auch hier solltest du direkt umsetzen, was dir geraten wird – zumindest wenn es für dich Sinn macht!

Dein neuer Mind-Hack:
LEARNING
by Doing

Eine große Falle lauert vor der Umsetzung guter Ideen:
die Annahme, dass du noch nicht genug weißt.

Wenn du anfängst, erst einmal alles zu lernen, was es zu deinem Projekt zu lernen gibt, wirst du nie das Gefühl haben, genug zu wissen. Du wirst ewig darauf warten.

Eine simple Methode, auf die ich schwöre: Learning by Doing. Wenn du einfach loslegst, werden sich wahnsinnig viele Probleme relativ schnell lösen lassen und du sparst lange Recherchen. Die Tatsache, dass du dich bereits im Handlungsmodus befindest, erleichtert es dir, zu wissen, was genau du brauchst und was, zumindest im Moment, überflüssige Informationen sind.

MACHE
eine
Challenge daraus

Wenn du zusätzliche Motivation brauchst, um loszulegen, versuche es doch mal mit einer Challenge!

Du könntest dich mit einem Freund zusammentun, der ein ähnliches Ziel hat, und sehen, wer täglich einen Schritt weiterkommt.

Oder du trittst einfach gegen dich selbst an: Wie schnell kannst du diese Aufgabe abhaken? Wie viel schaffst du in einer Stunde? Kannst du dieses Projekt innerhalb eines Monats auf die Beine stellen?

Dabei geht es nicht darum, dich selbst zu überfordern, sondern darum, einen Anreiz zu schaffen, der dich anfeuert! Wenn das für dich ins Gegenteil umschlägt, dann lasse es.

Wie du
dein Buch...

Ein Beispiel: Du möchtest gerne einen Ratgeber zu einem bestimmten Thema schreiben. Der Anfang fällt meistens noch leicht, weil du Lust auf das Projekt hast. Aber mit der Zeit verlieren die meisten Menschen diese anfängliche Motivation und das Buch wird niemals fertig.

Auch dieses Ziel lässt sich ganz wunderbar in kleine Schritte aufteilen: Du kannst eine Mind-Map anlegen. Noch besser funktioniert es allerdings mit Klebezetteln!

Schreibe nun alle Oberbegriffe, die dir dazu einfallen und auf die du eingehen willst, auf weitere Klebezettel. Verteile sie um den ersten Zettel. Am besten geht das mit unterschiedlichen Farben. Diese Begriffe sind deine vorläufigen Kapitel.

Schreibe auf den ersten Zettel dein Thema und klebe ihn an eine Wand oder auf einen Tisch. Von mir aus auch auf den Boden, in die Mitte. Das ist dein vorläufiger Titel.

Nun schaust du dir jedes Kapitel an und überlegst, welche Punkte in diesem Kapitel zur Sprache kommen sollen. Schreibe sie wiederum auf Zettel und ordne sie den jeweiligen Oberbegriffen zu.

... *tatsächlich*
SCHREIBST

Bist du damit fertig, kannst du das Ganze sortieren und in eine vernünftige Reihenfolge kleben.

Jetzt hast du einen genauen Plan, ein vorläufiges Inhaltsverzeichnis. Nun musst du nur noch jeden Tag einen Punkt herausgreifen und mit Inhalt füllen. Auf diese Weise hast du jeden Tag eine konkrete Aufgabe und verzettelst dich nicht so schnell.

Nimm dir vor, jeden Tag eine bestimmte Anzahl an Wörter zu schreiben. Soll dein Buch um die 50.000 Wörter haben (das entspricht 160 bis 200 Buchseiten), kannst du so schon abschätzen, wie lange du für das Schreiben brauchen wirst:

Schaffst du 5.000 Wörter am Tag (das ist eine echte Herausforderung!), bist du in 10 Tagen mit dem Schreiben fertig. Schaffst du 1.000 Wörter am Tag, brauchst du 50 Tage.

Genauso ist übrigens dieses Buch entstanden!

ZIELE

201

Vom VERLUST der Magie
einer Idee

Jetzt oder nie! Das ist die Devise, wenn du deine Ziele wirklich erreichen willst. Warum? Weil dir eine Idee, die du richtig gut findest oder ein Ziel, auf das du wirklich Lust hast, irgendwann entgleitet, wenn du zu lange wartest. Irgendwann ist es einfach nur noch eine von vielen Ideen, auf die du mit etwas Wehmut zurückblickst.

> *Jede Idee hat nur einen bestimmten Zeitrahmen, in dem sie dich wirklich fasziniert. Danach wird dich diese Idee nicht mehr mit der Euphorie erfüllen, die sie zu Beginn ausgelöst hat. Sie verliert ihre Magie.*

> *Kommst du aber sofort ins Handeln und erzielst erste Ergebnisse oder bekommst erste Rückmeldungen, sorgt das wieder für einen kleinen Motivationsschub.*

Entzünde
den Funken SOFORT

Hast du eine Idee, die dich in Brand setzt, plane sofort so viel wie möglich!

Schreibe genau auf, was deine Idee ist. Halte fest, was dich daran so fasziniert! Deine Worte sind wichtig, denn du wirst sie so energiegeladen wie jetzt niemals wieder finden!

Fange rechtzeitig an, zu dokumentieren, was du tun willst und schiebe dein Projekt an. Damit ist die Wahrscheinlichkeit viel größer, dass du dich auch morgen und übermorgen noch darauf freust, wenn du deinen genialen Plan wieder liest.

Verschwende keine Energie auf Ungereimtheiten oder mögliche Hindernisse. Das kannst du alles später noch aus dem Weg räumen. Das Wichtigste ist, zunächst deinen Funken, der dich so begeistert, einzufangen und ihn mit auf den Weg zu nehmen.

Vermutlich wirst du trotzdem nicht jede Idee umsetzen. Aber es werden auf jeden Fall wesentlich mehr Ideen sein und du musst dir auch nicht ständig vorwerfen, dass du so Vieles nie gemacht hast.

ZIELE

Dein Ziel
kann nicht
GROSS genug sein

Ein Monsterziel kann abschreckend wirken, aber ein viel zu kleines Ziel motiviert dich nicht mal ausreichend, um tatsächlich zu starten.

> *Richtig viel Motivation kannst du aufbringen, wenn du dir einen großen Traum erfüllen willst und davon ausgehst, dass du das auch schaffst, wenn du nur endlich startest.*

> *Wenn du nur ein kleines Projekt planst, das irgendwie mit mittelmäßigem Ergebnis enden soll, ist deine Motivation schneller weg als du schreiben kannst.*

Woher soll die Motivation kommen, wenn dein Ziel keinen großen, positiven Einfluss auf dein Leben hätte? Kleine Pläne werden dich nicht dazu bringen, dein Leben zu verändern. Sie werden dich nicht einmal dazu bewegen, irgendetwas zu unternehmen.

LASSE
das Mittelmaß
hinter dir

Es ist ein ewiger Irrglaube, dass es einfacher sei, ein gutes Mittelmaß zu erreichen als ein absolut herausragendes Ziel. Verabschiede dich von dieser Annahme!

Jeder strebt nach einem guten Mittelmaß. Deshalb hast du im Mittelmaß so viel Konkurrenz, dass es fast unmöglich ist, dort wirklich gut zu sein.

Aber über dem Mittelmaß ist es ziemlich leer. Die wenigsten Menschen versuchen, wirklich Herausragendes zu leisten, besonders gut zu werden oder einfach über die breite Masse hinauszukommen. Es gibt einfach kaum Konkurrenz.

Setze also deine Maßstäbe ganz weit oben an. Lasse dich von großen Ideen und Zielen motivieren und halte dich nicht mit Mittelmäßigkeit auf, da ist immer Stau!

Aller guten
DINGE...

Ob du ein Verhalten änderst, ist abhängig von drei Dingen: deiner Motivation, dem Schwierigkeitsgrad und dem Trigger. Ein Trigger ist ein Auslöser, der dich dazu bringt oder dich daran erinnert, etwas zu tun.

Ist deine Motivation hoch und dein Plan einfach, wirst du es tun, sobald du daran erinnert wirst. Ein Beispiel: Du verträgst keine Laktose. Um zu verhindern, dass du Bauchschmerzen bekommst, musst du nur eine Tablette nehmen, bevor du Milch trinkst. Dann ist dein Trigger das Glas Milch, das du in die Hand nimmst und dabei sofort an die Tablette denkst.

Ist der Schwierigkeitsgrad dagegen sehr hoch und die Motivation sehr niedrig, wirst du höchstwahrscheinlich auch bei einem entsprechenden Startsignal nichts tun. Ein Beispiel? Du magst das Joggen nicht, bist zufrieden mit deinem Gewicht, außerdem regnet es gerade, deine Laufschuhe sind kaputt und dein Knie schmerzt noch von einer alten Verletzung. Obwohl dein Freund vor der Tür steht und dich auffordert, mit ihm eine Runde durch den Park zu joggen, lehnst du natürlich ab.

Willst du also ein Verhalten ändern, solltest du beachten, dass deine Motivation hoch oder die Ausführung einfach sein muss – am besten beides. Und dann brauchst du noch unbedingt einen Auslöser, der dich daran erinnert, das zu tun, was du tun willst.

... *sind*
DREI!

Mache es dir so einfach wie möglich. Fange mit sehr kleinen Schritten an. Du möchtest jeden Tag lesen? Dann betrachte dich als erfolgreich, auch wenn du nur eine einzige Seite gelesen hast. Das ist auf jeden Fall machbar und du kannst es auch an einem noch so stressigen Tag irgendwo dazwischenschieben.

Definiere eine sehr einfache Aufgabe, die du auf jeden Fall schaffen kannst.

Ohne einen Trigger wirst du deine neue Gewohnheit nicht regelmäßig umsetzen. Dein Ziel ist also, eine regelmäßige Erinnerung zu schaffen, die deine Handlung automatisch auslöst, etwa eine programmierte Erinnerung auf deinem Smartphone.

Noch besser funktioniert die Erinnerung, wenn du deine neue Gewohnheit mit einer anderen Handlung verknüpfst, die du sowieso auf jeden Fall tust. Also: „Wenn ich morgens meinen PC anschalte, hole ich mir ein Glas Wasser, während er hochfährt" oder „Direkt nach dem Mittagessen lese ich".

Immer, wenn es dir schwerfällt durchzuhalten, denke an diese Faktoren. Du brauchst immer einen Trigger. Wenn du haderst, verringere sofort den Schwierigkeitsgrad und versuche erst dann, deine Motivation zu erhöhen.

Ein LOB
auf die
Regelmäßigkeit

Deine Ziele erreichst du natürlich nicht von heute auf morgen. Mit einem Plan, was zu tun ist, hast du sie in kleine Schritte gegliedert. Aus vielen Schritten ergeben sich aber auch Dinge, die du täglich oder in einem bestimmten Rhythmus wiederholen musst. Regelmäßigkeit ist hier ganz ausschlaggebend! Beispiele dafür könnten sein:

> *Du willst dir ein Nebeneinkommen aufbauen →*
> *also musst du regelmäßig daran arbeiten.*

> *Du willst Muskeln aufbauen →*
> *also musst du regelmäßig trainieren.*

> *Du willst ein Buch verfassen →*
> *also musst du täglich schreiben.*

Eine neue Gewohnheit kann übrigens auch bedeuten, dass du etwas nicht mehr tust!

MOTIVIERE
dich durch
Vorfreude

Deine Motivation sollte grundsätzlich relativ hoch sein, wenn du etwas umsetzen willst. Du musst es schon wirklich wollen, sonst macht es keinen Sinn. Schau mal im Kapitel „Motivation" (Seite 156 ff.) nach, da findest du auch viele Motivations-Hacks!

Wichtig ist, dass du dir keinen Druck machst. Im Gegenteil: Baue richtige Vorfreude auf dein neues Verhalten auf! Schaffe die nötigen Voraussetzungen, damit du dich auf diese Handlung freuen kannst. Überlege dir, wie du sie richtig angenehm gestalten kannst.

Genieße
deine ZEIT

An den Zielen zu arbeiten, die dich persönlich und beruf-
lich weiterbringen, ist wichtig, aber auch nicht ALLES.
Genauso wichtig ist es, dass du auch einfach nur Spaß hast.

Was ich damit meine, lässt sich ganz gut an einem Beispiel aus dem Tierreich verdeutlichen: Ein Wolf teilt seinen Tag selbstbestimmt ein, er weiß, dass er jagen muss, um nicht zu verhungern. Aber wenn das erledigt ist, genießt er einfach den Rest des Tages. Er geht auf Entdeckungstour, entspannt sich und er spielt sein Leben lang mit seinen Rudelfreunden.

Irgendwie haben wir Menschen auf dem Weg zum Erwachsenen das Spielen verlernt. Sogar die Entspannung kommt bei uns viel zu kurz, zum Großteil funktionieren wir einfach nur. Das macht nicht nur unglücklich, sondern auf Dauer auch krank. Es wundert mich überhaupt nicht, dass immer mehr Menschen an Depressionen leiden oder einfach völlig ausgebrannt sind, wenn sie eine so wichtige und natürliche Komponente des Lebens komplett vernachlässigen.

Möchtest du das Thema Entspannung vertiefen, dann schau im Kapitel „Gesundheit" nach. Dort findest du ebenfalls viele Hacks, die dir helfen, aus einem Tief herauszufinden.

EROBERE
das Spielen
zurück

Vielleicht hast du den Eindruck, du solltest mehr Energie in deine Projekte powern. Das ist ein Anspruch, den du nicht erfüllen kannst, wenn deine Akkus ständig fast leer sind und du sie niemals richtig aufflädtst. Dein Smartphone ziehst du ja auch nicht nach ein paar Minuten wieder aus der Steckdose und wunderst dich dann, dass seine Leistung nicht lange anhält.

Ganz wichtig ist also: Lade deinen eigenen Akku regelmäßig auf – mit echter Erholung, Schlaf, Spielen und Entdecken. Nur dann kannst du dich auch voll in deine Projekte hängen, die du verwirklichen willst. Nur dann hast du auch genug Energie für deinen Job und alles, was du noch nebenbei erledigen musst.

Spielen heißt in dem Fall natürlich nicht, dass du dich mit einem Spielzeug in eine Zimmerecke setzen sollst – es sei denn, es macht dir Spaß! Aber du tätest gut daran, dir die Fähigkeit zum Spielen wieder zurückzuerobern. Dinge einfach nur zu tun, weil sie Spaß machen. Was hast du als Kind gerne gemacht? Vielleicht hast du ja tatsächlich immer noch Spaß an manchen Dingen. Ich könnte zum Beispiel heute noch stundenlang mit Legosteinen bauen.

Entdecke
kleine Abenteuer …

Entspannen kannst du natürlich auch mit einem guten Roman oder einem Hörbuch. Oder mit einer guten Serie – es ist nichts falsch daran, hin und wieder in eine Serie abzutauchen und eine komplette Staffel anzusehen!

Bestimmt stehen auch ein paar Dinge auf deiner Bucket List (siehe Seite 70 ff.), die ein kleines oder großes Abenteuer versprechen. Unternimm die Reisen, die du schon immer machen wolltest!

Überleg mal: Wäre es nicht spannend, wieder damit anzufangen, Abenteuer zu erleben? Gehe hin und wieder raus und schaue dir die Welt um dich herum an! Traue dich auch mal, was vermeintlich Verrücktes zu tun!

Lasse dich einfach mal treiben! Sieh die Welt durch die Augen eines Kindes und entdecke sie wieder neu. Und wenn du etwas findest, das dir jetzt in diesem Moment Spaß macht, dann mache es doch einfach! Ab heute musst du dich nicht mehr schuldig fühlen, wenn du einfach nur spielst oder mal völlig unproduktiv bist. Das gehört ab jetzt mit zu den wirklich wichtigen Dingen in deinem Leben.

... *und*
Alltagsfluchten

Aufgabe: *Schreibe zehn Dinge auf, die du gerne tust und die keinen Zweck erfüllen – außer, dass sie dir Spaß machen!*

Egal ob du gerne ein Bad nimmst, wandern gehst oder mit Action-figuren spielst, lasse deiner Fantasie freien Lauf. Vielleicht helfen die folgenden Fragen:

- *Was hast du schon immer gerne gemacht, verbietest es dir aber meistens?*

- *Was würdest du tun, wenn es niemand mitbekommt?*

- *Stelle dir vor, du hättest so viel Geld, dass du alles kannst und nichts musst. Was würdest du tun?*

Bewahre diese Liste als Ideen-sammlung auf. Versuche, min-destens einmal pro Woche etwas davon zu tun!

Am besten eignet sich dafür der Abend, etwa eine Stunde, bevor du ins Bett gehst. Schalte alle Geräte aus und beschäftige dich offline und ohne Bildschirm mit etwas, das dich entspannt. Dann kannst du auch viel besser schlafen.

ZIELE

Diese Hacks will ich mir unbedingt merken!

Mindhacks

CALL TO ACTION

Die meisten Ideen verhungern auf dem Weg zu ihrer Umsetzung. Warum? Weil du einfach nicht mehr dafür brennst, wenn du zu lange wartest.

Falls du in diesem Buch bis hierher gekommen bist ohne irgendetwas, das dir gefallen hat, umzusetzen, fange noch mal von vorne an! Betrachte dieses Buch als Arbeitsbuch, nicht als Lektüre. Suche raus, was dir gefällt und setze dieses Mal direkt alles um.

Lies das Buch oder einzelne Kapitel noch einmal. Immer, wenn du denkst: „Super Idee, das probiere ich auf jeden Fall aus!" – dann probiere es auch aus!

FANGE
jetzt gleich an

Mache den ersten Schritt sofort. Wenn es darum geht, eine neue Gewohnheit zu etablieren, fange jetzt gleich damit an! Wenn das nicht möglich ist, erstelle einen Plan:

* *Was könnte dein erster Schritt sein?*

* *Wann ist die erste Möglichkeit, diesen Schritt zu gehen?*

* *Vereinbare einen Termin mit dir und trage ihn in deinen Kalender ein!*

* *Hinterlege eine Erinnerung, damit du es auch wirklich machst!*

Nimm dir einen Stapel Klebezettel, setze dich auf den Boden und bastle eine bunte Mind-Map! Notiere alle Einzelheiten, die dir im Kopf herumschwirren.

Deine Mission ist, das Bild in deinem Kopf, das du gerade so genial findest, an dein Zukunfts-Ich weiterzureichen. Und zwar so lebendig, dass dein Zukunfts-Ich wieder davon in Brand gesetzt wird, sobald es deinen Plan sieht!

Du hast eine wirklich große Idee, die eine Geschäftsidee werden könnte? Du würdest gerne ein Buch schreiben? Du möchtest ein Konzept für einen Blog umsetzen? Wirf alles andere hin und plane sofort so genau und lebendig, wie es nur möglich ist!

Auf die Plätze,
fertig - los!

Wichtig ist nur, dass du sofort in Aktion trittst und den Funken, den du förmlich sprühen siehst, so zu Papier bringst, dass du dich von deiner Idee später wieder anstecken lassen kannst.

Und mit später meine ich nicht in einer Woche, sondern so bald wie möglich. Sonst bist du einfach nur noch mit halbem Herzen dabei. Dein Projekt wird niemals so gut sein, wie es sein könnte, wenn du zu lange planst.

Begehe aber nicht den Fehler, deine Vision kaputt zu planen! Lege los, denke nicht lange nach, sondern wage die ersten Schritte und löse die Probleme unterwegs!

Der erste Schritt ist immer der schwerste. Dieser eine Schritt unterscheidet dich aber schon von den 99 % der Menschen, die niemals wirklich machen, was sie wollen und ihr Leben verstreichen lassen.

Du hast noch Bedenken?
Lies weiter!

Zwischen Idee und Umsetzung darf keine Zeit vergehen. Mit jeder Sekunde, die verstreicht, wird die Flamme der Begeisterung kleiner.

Finde
eine Überschrift...

Um zu wissen, wo du hinwillst, kann es hilfreich sein, sich ein paar Fragen zu stellen:

- *Wenn dein Leben ein Buch wäre, wie würde es heißen?*

- *Was würde auf deinem Grabstein stehen?*

- *Was würden die Menschen, die dich kannten, über dich sagen, wenn du nicht mehr lebst? Oder viel wichtiger: Was SOLLEN sie sagen?*

- *Was willst du schaffen und was willst du hinterlassen?*

- *Was willst du erlebt haben?*

- *Welche Werte hast du?*

- *Was ist dir besonders wichtig für dein Leben?*

Wenn du das nicht so genau definieren kannst, denke über einen Grundsatz nach, den du leben willst.

... *für*
dein Leben

Wenn ich diesen Grundsatz für mich definieren sollte, würde ich etwas in der Richtung sagen wie: „Ich lebe mein Leben so wie ich will. Ich mache die Erfahrungen, die ich mir wünsche, indem ich einfach anfange und die Probleme erst dann löse, wenn sie tatsächlich auftreten. Auf meinem Weg stecke ich viele andere Menschen mit dieser Lebensfreude an und helfe ihnen, auch selbst wirklich zu leben."

Das ist eine Regel, nach der ich leben kann, ein Grundsatz, der mich glücklich macht. Natürlich kann dieser Grundsatz in ein paar Jahren auch wieder anders aussehen.

Nach welchem Grundsatz willst du jetzt leben?

> *Aufgabe: Stelle dir die Frage: Was haben andere Menschen davon, dass es mich gibt?*
>
> *Überlege, ob es Ziele in deinem Leben gibt, für die du so sehr brennst, dass auch andere von deinem Schaffen profitieren können!*

Wenn du keine AHNUNG hast,
was du willst

Stelle dir vor, du stehst morgens auf und freust dich ganz und gar auf den Tag! Du hast richtig Lust, dein Leben zu leben und die Dinge umzusetzen, die du vorhast. Aber was, wenn du keine Idee hast, auf was du dich wirklich freuen solltest?

Keine Idee? Probiere einfach alles Mögliche aus! Beschäftige dich mit verschiedenen Themen, teste neue Hobbys, lies verschiedene Bücher oder besuche Seminare. Lasse dich bei deiner Suche treiben und inspirieren, bleibe offen für die Vielfalt der Möglichkeiten.

Was würdest du tun, wenn du wüsstest, dass es auf jeden Fall klappt? Wenn du vor nichts Angst hättest?

Du hast noch nichts gefunden, was dich in Brand setzt? Freue dich morgens darauf, neue Dinge zu entdecken und auszuprobieren. Plane das Entdecken ein wie einen Termin und lasse Vorfreude auf den nächsten Tag entstehen.

Dein Ziel:
echte
ERFÜLLUNG

Dein Ziel kann niemals sein, gar nichts mehr zu tun. Wenn du wartest, bis du genug Geld hast, um nicht mehr arbeiten zu müssen, wirst du feststellen, dass das pure Nichtstun dich auch nicht erfüllt.

Die Erfüllung liegt immer im Tun. Dein Ziel ist, nichts mehr zu tun, was dich nicht erfüllt!

In einem Job, den du nicht magst, bist du auch nicht gut, sondern völlig austauschbar. Aber wenn du liebst, was du tust, kann das niemand so machen wie du es machst. Dann bist du die oder der Beste. Und du wirst obendrein vielen anderen Menschen mit dem helfen, was du tust. Dann erlebst du echte Erfüllung.

Es gibt nur eine Leidenschaft?
Von wegen!

Vergiss die Idee, dass du nur für eine einzige Sache brennen kannst. Kennst du einen Menschen, der nur ein Hobby hat, nur einen Menschen im Leben liebt? Der keine weiteren Bedürfnisse hat, außer dieser einen Sache, für die er sich so begeistert? Vielleicht gibt es diesen Kautz sogar, aber für die meisten Menschen gilt: Es gibt nicht nur eine Leidenschaft.

Es ist ganz normal, dass du dich für mehrere Dinge entflammen kannst. Manchmal ist das ein Thema, manchmal eine Tätigkeit und manchmal eine Beziehung. Die Kunst besteht darin, wirkliche Begeisterung zu empfinden und diese umzusetzen.

Nicht selten lassen sich verschiedene Leidenschaften erfolgreich kombinieren. Steve Jobs, der Begründer von Apple, hatte definitiv mehrere Leidenschaften: zum einen sein Interesse für Technik und zum anderen den Ehrgeiz, seine Geräte so zu gestalten, dass sie einfach bedienbar sind. Er hat diese beiden Leidenschaften nutz- und gewinnbringend kombiniert!

Finde Dinge,
die dir Spaß machen

Dies ist deine offizielle Erlaubnis, mit der Suche nach der einen Leidenschaft aufzuhören und stattdessen einfach das umzusetzen, wofür du brennst. Probiere dich aus, wirf Ideen zusammen, suche nach Möglichkeiten, mehrere Interessen zu kombinieren!
Stelle dir noch einmal die folgenden Fragen:

> *Wo liegen deine Stärken? Was kannst du besonders gut?*

> *Was hast du im Laufe deines Lebens gelernt? Hat dich jemand besonders geprägt? Was hast du davon mitgenommen?*

> *Wo hast du ein besonders hohes Durchhaltevermögen? Was macht dir Spaß und geht dir leicht von der Hand?*

> *Wozu kannst du dich gut motivieren? Was schiebst du nicht auf? Was willst du jeden Tag tun? Worauf würdest du dich freuen, wenn du morgens aufstehst?*

> *Was ist dir wichtig? Was willst du unbedingt durchsetzen? Wo willst du dich beweisen? Was willst du anderen zeigen? Wie kannst du anderen helfen?*

Wirf dieses Mal deine Antworten quer zusammen und suche nach Konzepten, die dich wirklich begeistern!

Deine Leidenschaften werden sich vermutlich mit der Zeit verändern oder verlagern. Dann passt du dein Leben einfach an.

Mache es
auf DEINE Weise

Du bist einzigartig. Deswegen kann auch nicht jeder Hack für dich funktionieren. Angenommen, du probierst eine Weile lang aus, jeden Morgen zwei Stunden früher aufzustehen. Du stellst aber fest, dass du dann nur wie ein Zombie durch die Gegend läufst, weil du eigentlich eher gegen Abend produktiv bist. Dann lasse es sein! Nimm dir stattdessen die Zeit am Abend, wenn das für dich besser funktioniert.

Teste einfach alles, was dich interessiert. Prüfe, ob es dir etwas bringt oder nicht. Passe die Hacks so an, dass du den besten Erfolg damit hast. Lasse einfach weg, was nicht in dein Leben passt. Du musst nicht funktionieren, sondern dein Leben leben!

Versuche nicht, dein komplettes Leben von null auf hundert zu bringen. Gehe lieber kontinuierlich kleine Schritte vor. Wenn du dich gleich total überforderst, wirst du sehr schnell wieder aufgeben.

Suche immer wieder eine kleine Veränderung aus und ziehe sie durch.

Die Gesetze
der Wahrnehmung

Du kennst sicher das folgende Phänomen: Du beschäftigst dich gerade mit einem bestimmten Thema und plötzlich ist überall die Rede davon. Du findest bestimmte Schuhe gut und siehst sie auf einmal ständig an den Füßen fremder Menschen. Du willst dir ein neues Auto kaufen – und siehst diesen Wagentyp mit einem Mal ständig auf der Straße. Du planst Nachwuchs und siehst plötzlich überall schwangere Frauen und kleine Kinder.

Diese seltsame Anhäufung der Dinge, mit denen wir uns beschäftigen, liegt an unserer Wahrnehmung. Es sind nicht plötzlich alle Frauen im Umkreis von fünf Kilometern schwanger geworden. Du nimmst sie nur bewusster wahr. Sie fallen dir jetzt richtig auf, da du dich mit dem gleichen Thema beschäftigst.

Wenn du dein Bewusstsein für bestimmte Dinge öffnest, wirst du sie automatisch häufiger wahrnehmen, sogar regelrecht anziehen.

Was du davon hast? Indem du dein Bewusstsein für die unendlichen Möglichkeiten öffnest, gehst du nicht länger mit dem gleichen Tunnelblick durch die Welt, der dich bisher nicht weit gebracht hat.

Der
Schmetterlings-EFFEKT

Du hast sicher schon vom Schmetterlingseffekt gehört. Der Begriff kommt aus der Chaostheorie und bezeichnet ein Gedankenspiel: Ein Schmetterling bewegt seine Flügel, wodurch ein kleiner Luftwirbel entsteht. Dieser Luftwirbel stößt einen größeren an, welcher wiederum einen größeren anstößt. Es wird ein Dominoeffekt in Gang gesetzt und dieser reicht irgendwann aus, um auf der anderen Seite der Welt einen Tornado auszulösen.

Die Chaostheorie besagt, dass schon kleinste Veränderungen der Anfangsbedingungen große Auswirkungen auf das gesamte System haben können. Winzige Aktionen können also mit ihrer Energie immer größere Reaktionen anstoßen.

Wie kannst du den Schmetterlingseffekt konkret für dein Leben nutzen? Indem du einfach anfängst, mit einem kleinen Schritt in Richtung deines Ziels zu gehen und auf die Macht der Kettenreaktion vertraust.

ERWARTE,
erfolgreich zu sein

Unser Bewusstsein findet automatisch Beweise für das, was wir für die Wahrheit halten. Es kommt also ganz darauf an, was du erwartest und was du gibst.

Du glaubst, du kommst nur durch harte Arbeit, die keinen Spaß machen darf, zu Geld? Dann ist es auch so, weil du alle anderen Türen verschlossen hast. Du nimmst sie gar nicht wahr und sie werden sich auch nicht vor dir öffnen.

Überprüfe deine Einstellung! Was sagt dir folgender Satz? Es gibt einige glückliche Menschen, die nach dem Motto leben: „Wähle den Beruf, den du liebst und du brauchst niemals zu arbeiten."

Diese Menschen haben eine andere Einstellung zu Arbeit. Und ihre Berufe sind oft so unkonventionell, dass sie nur über Umwege gefunden werden können.

Das Gleiche gilt für die Partnersuche. Du glaubst, dass du niemals den richtigen Partner finden wirst? Dass dich sowieso niemand haben will? Dann wird es so sein. Das ist schade, denn sicher kennst du Menschen, die keine Probleme bei der Partnersuche haben, obwohl sie, deiner Meinung nach, weder schön, noch klug, noch sonst irgendetwas sind.

Der Schlüssel zu ihrem Erfolg liegt meist allein darin, dass sie einfach erwarten, erfolgreich zu sein.

GIB, was du zurückbekommen
möchtest

Andere Menschen spiegeln deine Energie. Bist du freundlich, sind sie ebenfalls freundlich. Hast du schlechte Laune, erscheinen dir andere Menschen automatisch missgelaunter als sonst. Bist du selbstbewusst, strahlst du das auch aus. Deshalb wirst du es völlig anders interpretieren, wenn dir jemand hinterherschaut, als du es tust, wenn dein Selbstwertgefühl am Boden liegt.

Du musst die Türen zu deinem Erfolg selbst öffnen. Gehe in die richtige Richtung und du wirst Reaktionen anziehen, die dich weiterbringen. Hilf anderen Menschen und es wird auch dir geholfen werden. Nutze deine Talente, um die Welt ein kleines bisschen besser zu machen und sie wird sich dir als bessere Welt präsentieren.

Achte auf deine Gedanken. Lasse deine innere Stimme nicht immer wieder über alles schimpfen, sondern erzähle ihr von den guten Dingen!

Die ersten Schritte auf der Treppe sind immer die schwersten. Aber mit jedem Schritt baust du neue Muskeln auf, um den nächsten zu gehen. Bewahre dir eine positive Einstellung zu den Dingen, die du in deinem Leben haben möchtest und gib, was du zurückbekommen willst.

Stelle die
RICHTIGEN
Fragen

Frage dich nicht: „Warum schaffe ich das nicht?" Dein Kopf wird dir dann viele Vorschläge machen, warum das so ist. Zum Beispiel: „Ich bin einfach zu blöd dafür!"

Frage stattdessen: „Was muss ich tun, um das zu schaffen?" Dann wird dein Verstand Vorschläge liefern, mit denen du arbeiten kannst. Vielleicht nicht sofort, aber dieser Moment, in dem dir ein Licht aufgeht, kommt mit Sicherheit.

Frage dich: „Was würde es mir bringen, wenn ich standhaft bleibe und das Ding durchziehe?" Damit machst du deinen Kopf zu deinem Coach.

Nur du weißt,
was dich
GLÜCKLICH macht

Menschen sind völlig verschieden. Was genau du willst und wie du dein Leben füllen willst, weißt nur du. Wenn irgendetwas in diesem Buch einfach nicht zu dir passt, dann verschwende auch nicht deine Zeit damit und überspringe es einfach!

Du musst keinen ganz großen Zielen nachjagen, wenn es nicht das ist, was du willst. Es geht darum, dass du glücklich bist. Und das so oft wie möglich. Genauso wenig wie mit dem Lesen unnötiger Informationen solltest du deine Zeit mit unnötigen Zielen verschwenden!

Hinterfrage grundsätzlich immer, ob dich das, was du tust und planst, wirklich glücklich machen würde. Wenn ja, dann lasse dich ja nicht aufhalten! Aber wenn nicht, dann verwirf diese Idee einfach und suche nach besseren Alternativen für dich.

Entscheide SELBST, was du
wirklich willst

Manche Menschen sind glücklich, wenn sie nicht selbstständig sein müssen und stattdessen einfach tun können, was von ihnen erwartet wird. Andere Menschen brauchen wahnsinnig viel Freiheit und Selbstbestimmtheit. Die meisten Menschen sind irgendwo zwischen diesen Extremen unterwegs.

Genauso verhält es sich auch in allen anderen Bereichen des Lebens und der Persönlichkeit. Ich kann dir Lösungen für viele mögliche Probleme anbieten, aber entscheiden, was du willst und brauchst, musst du selbst.

Allerdings hoffe ich, dass du zumindest eine Gemeinsamkeit mit mir hast: Lust auf das Leben! Das wirkliche Leben. Das Erleben. Dieses unglaubliche Glück ganz nah an dich ranzulassen, genau so zu sein, wie du bist.

Wenn nicht JETZT,
wann dann?

Wenn du wüsstest, dass du bald sterben musst:
Was wären wohl die Dinge, die du bereuen würdest?
Was hättest du gerne öfter gemacht? Was weniger oft?
Was hättest du gerne überhaupt einmal gemacht?

> Was bringt es dir, wenn du bis zu deinem Lebens-
> ende genug Geld und Besitz angehäuft hast, aber
> nicht mehr die Kraft und die Zeit hast, all das zu
> tun, was du gerne tun würdest? Und was willst du
> der Welt hinterlassen? Welche Geschichten willst
> du deinen Enkeln erzählen können?

> Es ist an der Zeit, das alles JETZT umzusetzen,
> sonst wirst du es vermutlich nie tun.

> Dein Leben ist unglaublich wertvoll und dein Leben
> ist sehr schnell vorbei. Sind das nicht ausreichend
> Gründe, um wirklich durchzustarten? Dich nicht
> abhalten zu lassen von dem, was du willst? Auf gar
> keinen Fall die wichtigen, schönen Dinge ständig
> hinter lästige Pflichten zu stellen?

Sei ein
HÜRDENLÄUFER

Ich habe monatelang über ein neues Tattoo nachgedacht.
Bis mir klar wurde, dass die Zeit, in der ich es tragen kann,
immer kürzer wird, je länger ich überlege.

Es gibt immer Gründe, etwas nicht zu tun. Wir denken: „Das passt gerade nicht, weil…" Aber der passende Moment ist eine Illusion! Es werden einfach nie alle Sterne günstig stehen und auf magische Weise alle Hindernisse verschwinden. Es werden immer wieder neue Gründe auftauchen, die dich abhalten könnten.

Du hast immer das Gefühl, du musst zuerst mögliche Hindernisse aus dem Weg räumen, bevor du starten kannst? Dann wirst du dein ganzes Leben damit verbringen, die Laufbahn freizuräumen und nie am Ziel ankommen. Dann sind dir die Hindernisse wichtiger als der eigentliche Spaß. Dann stehst du meckernd am Rand, während die anderen laufen.

Damit bist du allerdings nicht alleine. Die meisten Menschen finden permanent Gründe und Ausreden, um nicht loszulegen. Nur ein paar wenige rennen an dir vorbei und tun was sie wollen und was sie glücklich macht.

Möglich, dass du sogar über diese Menschen schimpfst, weil es aussieht, als hätten sie es viel leichter als du. Was du übersiehst: Sie springen einfach über ihre kleinen Hindernisse, statt sie mühsam aufzulesen.

Die Kunst,
sein Leben zu leben,
besteht darin, es einfach trotzdem zu tun!

Und jetzt los!

Worauf wartest du? Die perfekte Chance wird nicht zu dir kommen, wenn du dich nicht in ihre Richtung bewegst! Gehe raus, erfülle dir deine Träume und mache dein Leben zu dem, das du willst! Du hast es in der Hand.

Das ist DEIN Leben. Es gehört nur dir. Lebe es!

Du hast nur dieses eine Leben, also mache was daraus!

Viel Spaß!

Diese Hacks will ich mir unbedingt merken!

Weitere Anleitungen und Inspirationen für ein glückliches und bewusstes Leben findest du auch in diesen Titeln:

TOPP 4900
ISBN 978-3-7724-4900-0

TOPP 7465
ISBN 978-3-7724-7465-1

TOPP 4905
ISBN 978-3-7724-4905-5

TOPP 4903
ISBN 978-3-7724-4903-1

TOPP 4902
ISBN 978-3-7724-4902-4

TOPP 7514
ISBN 978-3-7724-7514-6

TOPP 7468
ISBN 978-3-7724-7468-2

TOPP 7793
ISBN 978-3-7724-7793-5

... und unter www.TOPP-kreativ.de

Weitere Ideen für ein glückliches Leben gesucht?

Lass dich auf unserer Verlagswebsite, per Newsletter oder in den sozialen Netzwerken zu einer bewussten Lebensweise inspirieren!

Website
Verlockend: Schau doch auf **www.TOPP-kreativ.de** vorbei & stöbere durch die neusten Ratgeber für dein ganz persönliches Glück!

TOPP-Autoren
Du fragst dich, wer dir die nützlichen Tipps & Tricks verrät? Auf **www.TOPP-kreativ.de/Autor** warten jede Menge spannender Infos zum jeweiligen Autor auf dich. Finde heraus, welches Gesicht hinter deinem Lieblingsbuch steckt!

Facebook
Werde Teil unserer Community auf **www.Facebook.com/Frechverlag** & erhalte regelmäßig eine Extraportion Glück!

Pinterest
Inspirationen für ein glückliches Leben & noch vieles mehr gibt es für dich von TOPP auf Pinterest auf **www.Pinterest.com/Frechverlag**

Newsletter
Achtsamkeit ist dir wichtig? Du möchtest deine Zeit bewusster nutzen? Dann melde dich für unseren TOPP Newsletter unter: **www.TOPP-kreativ.de/Newsletter** an, um über die Wunder, die der Alltag für dich bereithält, auf dem Laufenden zu sein.

Extras zum Download in der Digitalen Bibliothek
Ausgewählte Bücher enthalten digitale Extras: Interviews, Vorlagen zum Downloaden, Printables & vieles mehr. Dieser Ratgeber auch? Dann schau im Impressum nach. Sofern ein Freischaltcode dort abgebildet ist, gebe diese unter **www.TOPP-kreativ.de/DigiBib** ein. Nach erfolgreicher Registrierung erhältst du Zugang zur digitalen Bibliothek & kannst sofort loslegen.

YouTube
Nimm dir die Zeit für die wichtigen Dinge im Leben & lass dich gerne auf **www.YouTube.com/Frechverlag** inspirieren!

Instagram
Du bist auf Instagram unterwegs? Super, wir auch. Folge uns und unseren Glücksmomenten! Du findest uns auf **www.Instagram.com/Frechverlag** Möchtest du uns an deinem Glück teilhaben lassen? Nichts ist einfacher als das. Am besten du postest gleich ein Foto mit dem Hashtag #TOPPbewusstleben!

Alles in einer Hand gibt's hier:

Weitere Bücher findest du auf www.TOPP-kreativ.de

Impressum

ILLUSTRATIONEN: © istockphoto.com/ Jeremy: Coverillustration; fotolia/Marc: Seite 2, 4; fotolia/Miceking: Seite 12, 184; fotolia/vendakr: Seite 48; fotolia/Francois Poirier: Seite 2, 68; fotolia/vectorchef: Seite 144; fotolia/IconBunny: Seite 169; fotolia/missbobbit: Seite 230. Alle übrigen: Designed by freepic

PRODUKTMANAGEMENT: Lisa-Marie Weigel

LEKTORAT: Gabriele Betz, Tübingen

COVERGESTALTUNG: Katrin Röhlig

INNENLAYOUT & SATZ: Claudia Adam Graphik Design, Darmstadt

HERSTELLUNG: Katrin Röhlig

DRUCK UND BINDUNG: DZS Grafik, Slowenien

Teile deinen Glücksmoment mit diesem Buch!

Einfach Schnappschuss anfertigen, mit dem Hashtag #MindhackMethodeDasBuch versehen und bei Instagram, Facebook oder Twitter posten. Wir freuen uns über deinen Augenblick des Glücks.

1. Auflage 2018

© 2018 **frechverlag** GmbH, Turbinenstraße 7, 70499 Stuttgart

ISBN 978-3-7724-4901-7 • Best.-Nr. 4901